U0512575

北京市高精尖学科战略经济与军民融合交叉学科建设成果

中央财经大学国防经济与管理研究院"双一流"和特色发展引导专项支持成果

国防经济学系列丛书

博士文库

国防经济学系列丛书

编辑委员会

毕智勇（国家发展和改革委员会）   陈炳福（海军工程大学）

翟　钢（财政部）   魏汝祥（海军工程大学）

董保同（国防科技工业局）   樊恭嵩（徐州空军学院）

姚　斌（国防科技工业局）   贾来喜（武警工程大学）

邱一鸣（总参谋部）   雷家骕（清华大学）

周代洪（总政治部）   刘涛雄（清华大学）

周　宏（总后勤部）   孔昭君（北京理工大学）

游光荣（总装备部）   陈晓和（上海财经大学）

余爱水（空军）   丁德科（西安财经学院）

李　鸣（海军）   林　晖（国务院发展研究中心）

库桂生（国防大学）   杨价佩（国防科技工业局咨询委员会）

姜鲁鸣（国防大学）   莫增斌（中国国际工程咨询公司）

卢周来（国防大学）   安伟时（中国兵器工业集团公司）

刘义昌（军事科学院）   赵澄谋（中国国防科技信息中心）

武希志（军事科学院）   张玉华（中国国防科技信息中心）

曾　立（国防科技大学）   李俊生（中央财经大学）

顾建一（后勤学院）   赵丽芬（中央财经大学）

郝万禄（后勤学院）   李桂君（中央财经大学）

徐　勇（军事经济学院）   邹恒甫（中央财经大学）

郭中侯（军事经济学院）   陈　波（中央财经大学）

方正起（军事经济学院）   侯　娜（中央财经大学）

黄瑞新（军事经济学院）   白　丹（中央财经大学）

总主编　翟　钢　陈　波

丛书联络　中央财经大学国防经济与管理研究院

国防经济学系列丛书·博士文库

军事工业垄断与竞争研究
——基于"民参军"的视角

RESEARCH ON MONOPOLY AND COMPETITION
IN THE MILITARY INDUSTRY

—FROM THE PERSPECTIVE OF "CIVIL ENTERPRISE

PARACIPATION"

李明峰 著

中国财经出版传媒集团

经济科学出版社

Economic Science Press

总　序

兵者，国之大事，死生之地，存亡之道，不可不察也！国防经济学起于战争实践，又与人类的和平与发展息息相关，这些年取得了飞速发展。为全面、系统反映国防经济学发展全貌与演进，总结挖掘国防经济实践成果，展示现代国防经济学发展方向，我们组织编写了这套《国防经济学系列丛书》。

《国防经济学系列丛书》包括四个子系列：（1）国防经济学核心教材；（2）国防经济学学术文库；（3）国防经济学精品译库；（4）国防经济学博士文库。重点展示国防经济学领域学者在一般性基础理论和方法研究、国家战略层面的对策研究，以及面向现实的重大应用研究等方面的研究成果。丛书选题涵盖经济与安全、战略与政治、国防与和平经济、国防财政、国防工业、国防采办、国民经济动员等相关领域，既包括国防经济学领域的基本理论和方法介绍，如《国防经济学》《国防经济思想史》等；也包括对一些国家或领域国防经济情况的专门介绍，如《美国国防预算》《国防财政学》等；还包括对国际国防经济学领域研究最新发展情况的介绍，如《国防经济学前沿专题》《冲突经济学原理》等。

《国防经济学系列丛书》瞄准本领域前沿研究，秉承兼容并蓄之态度，建立开放性运行机制，不断补充新的选题，努力推出中国一流国防经济学者在本领域的教学、科研成果，并希

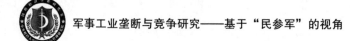

望通过借鉴、学习国际国防经济学发展的先进经验和优秀成果，进一步推动我国国防经济学研究的现代化和规范化，力争在一个不太长的时间内，在研究范围、研究内容、研究方法、分析技术等方面使中国国防经济学在研究的"广度"和"深度"上都能有一个大的提升。

在"十二五"国家重点图书出版规划项目支持下，本套丛书由中央财经大学国防经济与管理研究院发起筹备并组织编辑出版，该院组成了由国内外相关高校、科研机构和实际工作部门的一流专家学者组成的编辑委员会，参与编审、写作和翻译工作的除来自中央财经大学国防经济与管理研究院、中国金融发展研究院、中国经济与管理研究院、政府管理学院、经济学院、财政学院等教学科研单位的一批优秀中青年学者外，还有来自清华大学、北京大学、中国人民大学、复旦大学、南开大学、北京理工大学、军事科学院、国防大学、国防科技大学、后勤学院、军事经济学院、海军工程大学、中国国防科技信息中心等国内国防经济与相关领域教学与研究重镇的一批优秀学者。经济科学出版社积极支持丛书的编辑出版工作，剑桥大学出版社等也积极支持并参与了部分图书的出版工作。

海纳百川，有容乃大。让我们携起手来，为推动中国与国际国防经济学界的交流、对话，为推进中国国防经济学教育与研究的大发展而贡献我们的智慧、才华与不懈的努力！

是为序。

翟　钢　陈　波
2010 年 6 月于北京

摘　要

随着国民经济的迅速发展和国防建设需求的提升，军事工业的发展进入新的历史阶段，国家战略提出，要构建军民融合的工业体系和生产能力。军事工业实现军民融合发展的目标，是将军事工业的基础制造能力根植于国家工业基础之中，依靠开放和社会化的产业链，充分利用民用技术基础和生产能力，提升高端基础制造水平和研发效率。实现这个目标的关键是打破现有军工企业的垄断格局，促进民口企业①参与武器装备分系统、零部件等基础制造领域的生产和研发竞争中来。尽管国家在这方面实行了多项改革措施，但还远没有达到预期的效果，军工企业的垄断格局依然没有大的改变，民口企业实际参与军事工业竞争程度很低，军事工业基础制造领域的生产和研发效率依然不高。

基于这样的背景，本书从"民参军"的视角对军事工业垄断形成的历史原因、垄断形式演进的内在动力、垄断形式新的表现特征及其影响进行分析，并基于经济学原理研究阻碍民口企业参与竞争的机理和问题的症结，据此针对性地提出促进军民融合发展的政策建议和改革措施。全书的研究内容对拓展和完善中国特色国防经济理论、推动军事工业基础制造领域打破垄断进而实现军民企业的公平竞争以及提高生产与研发效率、推进军民融合转型发展的体制机制改革具有重要意义。

本书的总体框架和思路是：首先从历史发展的角度，根据我国军事工业特殊的发展道路和多次改革的历程，对垄断的形成和演变进行梳理，探究历史原因与

---

① 本书中，"民口企业"泛指军工产业中的私营企业或不以军工产品为主要产品的私营企业、国有企业、股份制企业等。

利弊影响，分析新时期的垄断形式和特征；然后基于对现阶段垄断形式的分析，结合我国军事工业的产业特征，采用经典的 SCP 模型对军事工业基础制造领域中的市场结构、市场行为和市场绩效等方面进行系统分析，研究现阶段仍然存在的垄断现状和垄断对绩效造成的影响，以及形成垄断的关键因素；接着进一步从市场竞争角度，针对形成垄断的关键因素，分别深入军事工业基础制造的生产和研发领域，运用多个博弈模型对阻碍民口企业进入军事工业参与竞争的原因进行经济学分析，找出垄断和影响公平竞争问题的症结所在，最后提出解决的方案和政策建议。全书的主要研究内容是：

第一，从历史的视角分阶段对我国军事工业中的垄断形成与演变过程进行研究（第 2 章），提出了计划经济时期"集中发展"、改革探索时期"行政垄断"和推进军民融合时期"经济垄断"的垄断演化三阶段论，分别对三阶段的垄断形成原因、管理体制、利弊影响等进行分析。研究认为，计划经济时期的集中发展旨在克服物资匮乏和技术落后等短缺经济条件的约束，集中力量突击发展军事工业，取得了一系列重大成果并奠定了我国军事工业的基础，但同时也形成了军民分割的局面，为军工企业的垄断提供了条件。改革探索时期的市场化改革推动了军事工业的转型发展并形成了市场供需关系，但军工企业利用法规条款和行政命令排斥其他企业进入，产生了行政垄断，虽然平衡了稳定与发展的关系，提高了军工企业的生存能力，避免了市场化改革对国家集中建设成果的过度冲击，但没能改变军民分割的格局及其带来的弊端，降低了改革的预期成效，军事工业整体效率较低，对国防经费的依赖仍然较大。推进军民融合时期军事工业基础制造领域的行政壁垒虽然已逐渐消除，但民口企业依然难以进入，军工企业的垄断仍然存在，但垄断形式变为行政支持隐藏下的经济垄断，垄断者的主要目标从完成国家意志转移到追求利润上，并有逐渐强化的趋势。这种经济垄断已经成为阻碍民口企业进入军事工业基础制造领域参与生产和研发的主要垄断形式，对军民融合发展带来诸多不利影响。

第二，基于 SCP 模型进一步研究推进军民融合时期军事工业形成的经济垄断（第 3 章）。首先，研究了垄断下的军事工业产业特征：一是产业链呈现为"三级倒锥形"结构，存在自下而上的产品供给失衡，需要引入民口企业来补充和扩大市场主体；二是产品依据对国家安全的重要程度，分为核心的战略总体领域产品和非核心的基础制造领域产品，非核心的基础制造领域产品范围逐步扩大；三是军工产品特征使市场竞争具有二元化的性质，即战略总体领域产品的限制竞争和基础制造领域产品的开放竞争。其次，分析了军事工业基础制造领域的市场结构，通过行业集中度指数和赫尔芬达尔－赫希曼指数测度了市场集中度，证明我国军事工业基础制造领域的市场结构是高度垄断的，且企业规模和市场份额的垄断者为军工企业，民口企业的市场份额很小；论证了军事工业基础制造领域产品的差异性主要体现在产品质量和供货能力的稳定性上；分析了军工企业在军事工业基础制造领域的进出壁垒上具有资质、技术经验、工艺装备、先入和规模等方面的优势，这也是民口企业进入面临的困难。再次，研究了军事工业基础制造领域的市场行为，分析了军工企业和民口企业两类市场主体的特征，发现其在市场上的价格竞争行为主要体现在成本竞争上，非价格竞争行为主要体现在研发竞争上。最后，研究了军事工业基础制造领域的市场绩效，通过资源配置效率和技术创新效率两个指标，分别从军民通用性较高和较低的两个专业领域衡量了当前的市场绩效，发现军事工业基础制造领域整体市场绩效相比于民用相关领域偏低，并进一步分析了影响市场绩效的因素，认为政府投资、军民工业标准差异、技术差距和军用技术成果转化率是阻碍民口企业进入的主要制约因素，也是提高军事工业基础制造领域市场绩效的关键因素，并通过实证研究对这一结论进行了检验。

第三，针对政府投资和军民工业标准差异两个"不对称"因素，研究造成民口企业难以参与军事工业生产领域的竞争并提出解决路径与措施（第4章）。将迪克西特模型（Dixit Model）扩展应用到民口企业与军工企业的策略博弈中，构建博弈模型，深入分析了政府投资如何阻止不同竞争水平的民口企业进入市场，以及军民工业标准差异对这类阻止行为的影响。研究结果发现：政府对军工企业正常投资会阻止一般竞争水平的民口企业进入；超额投资还会阻止较高竞争水平的民口企业进入，并限制已进入的高竞争水平民口企业的市场份额。进一步分析发现，减小军民工业标准的差异虽然可以一定程度上提高市场的整体竞争效率和公平性，但在政府投资方式不改善的情况下，并不能促进民口企业进入市场。本书据此建议，应通过改变政府投资方式、健全投资公平机制和引入社会资本的办法，改变对军工企业独有的投资，在此前提下通过减小军民工业标准差异，促进更多高水平民口企业进入市场，提升更高的市场竞争效率。

第四，研究了技术差距和军用成果转化率两个"不对称"因素是如何造成民口企业参与军事工业研发领域竞争的意愿不高，并提出相应的对策建议（第5章）。将研发竞争的AJ模型扩展应用到军工企业和民口企业在军事工业基础制造领域的研发竞争之中，通过建立博弈模型分析博弈均衡过程，并对模型进行数值模拟，研究了技术差距和军用成果转化率对军工企业和民口企业研发竞争的影响，结果发现：技术差距过大和军用成果转化不足都不同程度地影响了民口企业的研发意愿，阻碍民口企业参与竞争，但没有技术差距并不能使竞争达到最有效，军民企业之间保持适度的技术差距可以使研发竞争的社会总效率达到最高。提高军用技术成果转化率可以促进军工企业与民口企业之间的研发竞争，打破军工企业的垄断地位，改变市场结构，使民口企业获得更多的市场份额，并提升社会研发的总效率。此外，促使军工企业和民口企业共同研发，可以使社会研发效率的帕累托改进效果更好。本书据此建议，应从改变政府扶持力度、促进军用技术成果转化、完善军民协同创新机制等方面实施促进民口企业参与军事工业研发领域竞争的政策。

第五，基于本书的主要研究结论，我们提出了打破军事工业现有的经济垄断和促进民口企业进入军事工业相关领域参与竞争的措施和政策建议。

目　录

第 1 章 导 论

1.1 研究背景与意义

1.1.1 研究背景

先进的军事工业是武器装备发展的基础，是科技创新的重要推动力量，是大国地位的重要标志，也是国家在国际事务中保持话语权的支撑。当前，随着世界新军事革命的加速发展，军事工业正在发生着历史性的变化，各国纷纷改变了国家垄断发展军事工业的传统方式，转为开放的军民融合发展模式。事实上，一些军事强国早在20世纪90年代就开始利用军民一体化的方式发展军事工业，将军事工业根植于国家工业基础之中，打破军民界线，依靠开放和社会化的产业链，通过军事需求来引导民用市场开发相应的基础技术和提供充足的生产能力。如在美国，只保留少量的军事科研机构和军工企业，大部分武器装备和军需品的研制生产任务交由民用企业承担，充分利用了大量的民用科技人才和先进生产组织，既降低了军事研发费用，又提高了生产效率，其军事工业的发展一直领先于全球。美国军事工业领先的主要优势体现在军民一体化的工业基础制造能力上。

中华人民共和国成立后，我国军事工业优先发展，数十年来，国家集中了巨大的人力和财力，武器装备系统总体能力有了大幅提高，在卫星、航空母舰和火箭运载等方面取得了举世瞩目的成果。但也要看到，这些成果的背后存在着关键分系统和零部件等基础制造领域产品的进口依赖问题，反映出我国军事工业的基础制造能力还有短板，生产和研发效率较低，不能适应武器装备顶层发展的需要。

军事工业基础制造能力的提升需要资金的长期投入和技术的反复迭代，仅仅依靠国家对军工企业的投入是远远不够的，必须要引导全社会力量来参与，依靠更为广泛的民口企业贡献研发和生产能力。改革开放 40 多年来，我国经济迅猛发展，民用工业创新能力和生产力都有了大幅提升，已经具备了军事工业融入国家工业体系共同发展的基础，为军事工业基础制造领域产品的生产和研发提供了新的路径。因此，吸引民口企业进入军事工业基础制造领域，充分发挥其研发和生产能力，是我国军事工业实现军民融合发展的主要着力点①。

吸引民口企业参与武器装备分系统和零部件等基础制造领域产品的生产和研发，关键是打破军工企业垄断经营的现状和计划生产的方式，建立公平竞争的市场环境。为此，国务院于 2017 年发布了《关于推动国防科技工业军民融合深度发展的意见》（以下简称《意见》），提出进一步扩大军事工业制造基础领域的开放，引导和促进民口企业参与生产和研发的竞争，以提升军事工业的整体效率。《意见》指出，除涉及国家安全的核心战略武器装备外，其他重要和一般的武器装备的分系统和零部件等基础制造领域产品的生产和研发，都要充分发挥市场在资源配置中的作用，激发各类市场主体活力，推动公平竞争，实现优胜劣汰，促进技术进步和提升生产效率。《意见》表明，在政策层面上，军事工业的基础制造领域已经向民口企业开放，军工企业不再拥有垄断保护政策，鼓励军工企业和民口企业在这一领域进行市场竞争，民口企业参与生产和研发不再受行政壁垒的限制与约束。

但现实中，军事工业基础制造领域的生产和研发没有出现政策改革的预期效果，并没有呈现出军民企业积极竞争的局面，军工企业的垄断现状依然没有改变。一方面体现在生产领域的竞争中，军工企业拥有强大的市场势力，据此影响和阻止民口企业参与竞争，使军事工业整体生产效率没有提高；另一方面体现在研发领域的竞争中，军工企业独享较多的研发资源，影响和降低了民口企业的研发积极性，使军事工业整体研发效率依然不高。总体而言，政策实施后军事工业的垄断格局没有改变，军工企业仍然牢牢控制着市场份额，垄断现状难以撼动，即使优势突出的民口企业也难以在市场中立足，国家对军事工业放松规制后并没有吸引高水平的民口企业进入到其中来。

政策引导和行政壁垒破除后，为什么军事工业基础制造领域依然维持着军

---

① 工业与信息化部《中国制造 2025》中提出，调动全社会优势资源力量提升工业基础能力。

工企业的垄断现状且难以打破？军工企业的垄断是怎样形成和演变的，有什么变化趋势？行政壁垒破除后军工企业的垄断形式有怎样的变化，新的垄断形式下军事工业基础制造领域的市场结构、行为和绩效如何？哪些因素造成了军工企业的垄断，军工企业是如何利用这些因素阻止民口企业进入军事工业参与竞争的？如何才能真正打破垄断，促进民口企业与军工企业开展公平竞争，形成军民企业良性竞争的局面，实现提高军事工业生产与研发效率的目标？这些问题的解答需要我们通过经济学原理来分析军事工业现阶段垄断产生的成因，并进一步发现民口企业"进入难"的内在动因，才能提出合理的政策建议和措施，改革当前阻碍军民融合发展的体制机制，促进我国军事工业完成历史性的转型变革。

本书则是在这样的背景下，对军事工业基础制造领域的垄断和竞争问题进行深入分析。首先，基于历史发展的视角，根据我国军事工业特殊的发展道路和多次改革的变化历程，对军事工业垄断的形成和演变进行梳理，通过制度变迁来研究不同时期垄断产生的原因以及变化趋势，分析现阶段军事工业的垄断形式。其次，基于对现阶段垄断形式的分析，从产业组织的视角，结合我国军事工业的产业特征，对基础制造领域中的市场结构、市场行为和市场绩效等方面的内容进行研究，分析现阶段的垄断现状和垄断对军事工业绩效造成的影响，以及形成垄断的关键因素。最后，根据分析得出的形成垄断的关键因素，从市场竞争的视角，分别从生产和研发两个不同领域，运用经济学的分析手段和方法对军工企业如何利用这些因素实施垄断和阻止民口企业进入军事工业参与竞争的内因进行深入剖析，并找出打破现有垄断现状和促进军民企业公平竞争的路径，提出解决方案和政策建议。

1.1.2 研究意义

军事工业实行军民融合发展已是改革和发展的大趋势，打破军事工业固有的垄断格局，引导民口企业参与军事工业基础制造领域的竞争，充分发挥市场主体作用，是实现军事工业军民融合发展的关键。

1. 理论意义

关于我国社会主义市场经济中相关领域的垄断与竞争问题的研究和分析，学者们已经做了大量的研究工作并取得了丰硕的研究成果，但其取得的研究成果大多是针对一般行业垄断或是自然资源行业垄断的问题，对涉及军事工业的垄断与竞争问题还鲜有所见，因此，本书运用经济学理论对市场化改革后的军事工业垄断与竞争问题进行研究，是对我国社会主义市场经济理论的拓展和补充。同时，军民融合发展理论是中国特色国防经济理论的重要组成部分，军事工业实现军民融合发展是军民融合发展理论研究的核心内容之一。目前的军民融合发展理论主要从宏观层面和制度上对整体框架作了较好的解释，较少深入经济学的微观层面和企业市场行为中进行研究，特别是基于经济学理论对军事工业中存在的垄断现象和促进民口企业参与竞争等方面的研究还处于起步阶段，本书力争在这一领域有所贡献。

2. 现实意义

军民融合发展已上升为重要的国家战略之一，推进军事工业基础制造领域实现军民融合发展是落实国家战略的主要方向。改革军事工业国家垄断的发展模式，通过军民融合发展的方式优化资源配置结构，提高国家整体工业资源利用率，不仅直接关系我国军事工业"弯道超车"战略方针的落实，更是关系富国与强军同步实现的建设大局。军民融合发展是一个大课题，需要从多个方面入手，其中深入分析研究我国军事工业基础制造领域现阶段存在的垄断和"民参军"的问题，是推进实现军民融合发展改革的重要内容之一。民口企业作为充满活力的市场主体，是建设和发展军事工业的重要力量，更好地将这支重要力量的作用发挥出来，积极促进其参与军事工业的生产和研发竞争中，是推动我国军事工业基础制造走向世界领先地位的关键改革步骤。本书通过梳理我国军事工业的垄断形成与演变过程，分析现阶段垄断下的产业特征、市场结构、市场行为和市场绩效等，并从经济学角度对军事工业基础制造领域中的生产和研发存在竞争不足问题的内在机理进行研究，寻找民口企业难以进入军事工业参与竞争问题的症结所在，从而找到破除军工企业垄断的真正原因和解决方法，对于推动我国军事工业在基础制造领域形成市场化的公平竞争环境，实现优胜劣汰，促进技术进步和制造能力高端化，进一步深化军民融合转型发展的体制机制改革具有现实意义。

1.2　核心概念

1.2.1　军事工业

军事工业，又称国防工业或国防科技工业，中国军事科学院编著的《军事辞海》对其的解释是"从事武器装备、军事器材、军队生产用品以及国防生产所需特殊原材料的工业门类"。邓恩（J. P. Dunne，1990）在《国防经济手册（第一卷）》上对其的解释为："国家在某种程度上依靠国防开支的产业群或产业部门，依此国家在某种程度上可以在国防或战争的生产手段方面自力更生。"

对军事工业的界定较为复杂，较有代表性的主要有三种：

一是按产品分类界定。军事工业所涉及的产品的种类和范围比较广泛，从技术先进的具有高科技含量的大型系统武器到常规单兵作战的小型个体装备，以及军队作战和训练中消费的其他具有一般通用性的商品，因此，从产品角度对军事工业有两种划分，第一种是邓恩（T. M. Dunne，1988）根据产品与战争破坏性的相关程度进行分类，包括：①直接毁杀伤性的武器；②辅助作战的装备；③维持战斗人员消费的产品。第二种是沃克等（W. Walker，M. Graham & B. Harbor，1988）和斯科菲尔德（S. Schofield，1993）根据产业链体系对军事工业的产品进行分类，认为军事工业是从原材料、零部件、分系统到完整的最终产品的多层级制造体系，是军民产品界限逐渐明显的渐进过程，具体的产品等级包括：①全球战略系统级；②国家综合系统级；③大型武器平台；④完整的组成部件；⑤完整部件的子系统；⑥子系统的集成配件；⑦零部件；⑧原材料。

二是按军事部门的订货来源界定。直观而言，凡是获取军事订单，为军事部门进行物资生产的活动都应列为军事工业的范畴内。但军事工业产业链相比一般工业复杂，军事部门的订单来源可能不会深入每一级生产企业。事实上，很多企业只是生产和制造中间产品或零部件，并不会知道订单的来源是军事部门还是民用部门，因此，这样的衡量具有缩小边界的可能性。

三是按国家的管控范围界定。军事工业还可依据国家的管控范围进行衡量，但这种衡量需要解读各个国家的法律与政策。例如在欧美一些国家，武器组件的生产和交易、防暴或警用装备、个人枪支等类似的设备无须列入军事产品的范围内，特别是一些武器装备上的电子设备，政策上很难界定是否为专用设备，并由此来判断其来源于军事工业还是民用工业。

本书的研究目标是军事工业生产和研发中的垄断与竞争问题，研究对象涉及产业中的企业和产品，因此对军事工业的概念主要采用产品分类的界定方法，包括进入军事工业武器装备的全链条产品，在沃克和斯科菲尔德对产品分级的基础上进行简化，包括：

（1）涉及国家安全的军事类产品（沃克和斯科菲尔德分类中的①②③）。

（2）不直接形成武器装备的部件及其以下产品（沃克和斯科菲尔德分类中的④⑤⑥⑦⑧）。

本书研究的重点是上面的第二类军事工业产品，其划分依据也可参照我国武器装备科研生产许可目录①的内容，涵盖了目前我国军事工业体系中 95% 以上的军工产品，这些产品已经开放行政许可，不需要特许资格，可以由企业根据市场需求研发和生产。

1.2.2　军民融合

军民融合的概念目前在学术界还不统一，大致分为"军转民""军民一体化"和"军民融合"三种。国外学者对"军转民""军民一体化"的概念认同较多，这与国家的基本国情有关。西方学者的主流观点认为，"军转民"是指冷战结束后随着国防采购经费的急剧下降，军工企业以生产民品代替军品，将资源由军事部门向民用部门转移的现象（S. Melman，1988；E. Regehr，1990；M. Renner，1992；L. J. Dummas，1995；C. H. Anderton，1996；J. S. Gansler，2011）。"军民一体化"的定义则是由美国国会技术评估局（Office of Technology Assessment）在《军民一体化的潜力评估》（Assessing the Potential for Civil-Military Integration）的研究报告中给出的，指把军事工业生产同更大的民用工业基础结合起来，组成统一的国家工业基础的过程。"军转民"的概念较"军民一体化"出现更早，但这两个定义都得到了西方大多数国家的认同，在政界和学界中被广泛应用。

国内学者使用"军民融合"的概念较多，认为军民融合包含"军转民"和

---

① 由国务院、中央军事委员会颁布的《武器装备科研生产许可管理条例》规定。

"民参军"两个方面，具体范畴也超出军事工业领域，是指把国防和军队现代化建设融入经济社会发展体系之中，包括战略规划、军事工业、基础建设、人才培养、军人保障和国防动员等各个领域，提出在更广范围、更高层次、更深程度上把国防和军队现代化建设与经济社会发展结合起来。

虽然国内外对"军民融合"概念的界定不同，但追求的目标是一致的。随着大国之间以军事为主的国际竞争转向以经济实力和科技水平为主的综合国力的竞争，从缩减军事工业规模转轨为民用生产，到形成一个同时满足军用和民用两方面需要的工业基础，再拓展到一个全要素、多领域、高效益的军民融合发展格局，可以被归纳为军民融合的最终目标。

本书研究的是我国军事工业的相关问题，对其概念的界定是在自身国情背景下的"军民融合"，但由于研究的范畴限定在军事工业内，因此，军民融合的概念并不涉及军事工业以外的其他国防与经济协调发展等领域，研究的重点是"民参军"。

1.2.3　军工企业

从企业定义的角度看，《国防科技词典》对军工企业解释为"拥有军事工业科研生产能力，从事为国家武装力量提供各种武器装备研制和生产经营活动，并具有独立法人资格的企业"。由于军事工业的定义已经比较复杂，军工企业是针对军事工业而产生的名词，因此对其也存在不同角度的认识。目前主流的几种观点[①]是：

（1）军工企业是为军事部门和武装力量提供所需要装备的一系列公司（T. Taylor & K. Hayward，1989）。

（2）军工企业包括既生产军用产品（如武器、弹药、潜艇）又生产民用产品的工业企业，但生产的产品应大多数为军事部门所专用（D. Todd，1988）。

（3）军工企业是为国家武装力量最终消费生产产品、服务和技术的经济单位（D. Haglund，1989）。

（4）军工企业包括那些签订武器装备研发生产的主合约和次合约，以及提供空、地、海作战系统的国有或私有企业（J. S. Gansler，1989）。

---

① 陈波：《国防经济学》，经济科学出版社 2010 年版，第 283～284 页。

（5）军工企业是设计、研制和生产国防所需武器装备的企业（陈德第等，2001）。

对军工企业含义的界定，还需要根据不同的国情，并考虑军事工业的发展历史。中国的军工企业发展历史较短，最初源自中华人民共和国成立时现存的兵工厂、军工企业和科研机构，生产规模小，设施陈旧，破坏很严重。政府将这些工厂企业和机构进行整合，最终合并成兵工厂、航空修理厂、无线电器材厂、船舶修造厂和中国科学院，这些就构成了军工企业的基础。20世纪50年代，在苏联的援助下，政府投资建造了近千个大中型工业项目，约25%为军事工业项目，一大批军工企业诞生了。之后，政府又组织进行了长达17年的"三线建设"①，建成1100多个大中型工矿企业和科研单位，约15%为军工企业。经过近30年的大规模建设，我国的军工企业有了一定的规模，形成了包括大多数武器装备的专业齐全的研发、试验和生产体系，基本具备实现自给自足的武器装备供应能力。在此期间，政府出资建设了全部的军工企业。改革开放以来，政府把这些军工企业不断重组，将生产范围相同和能力相似的大多数企业整合为大型军工集团公司，资本归属中央政府管理；部分中小型企业或单独存在，或整合为小型集团公司，资本划归地方政府管理；还有部分小型企业，资本归属军队管理。

目前，资本归属中央政府管理的大型军工集团公司，覆盖了核工业、航天、航空、船舶、兵器和电子六个行业。军工集团公司主要履行管理职能，由计划体制下的政府工业部门转变而来，子公司按照产业链顺序拥有明确的任务分工，相互之间形成完整的上下游关系，包揽了大部分武器装备的生产和研发，提供了军队现在使用的主要型号武器装备；资本归属地方政府的军工企业，在军事工业的产业链里承接部分中小型武器装备的生产和研发；军队出资的军工企业，主要是一些小型企业，承接一些武器装备零部件和军队日常用品的生产，以及武器装备的维修保养。

本书研究的是军事工业市场化改革后的企业垄断与竞争问题，因此，对军工企业的界定避开了军队管辖的相关的企业②，将政府出资建成的国有大型中央军工企业和国有中小型地方军工企业界定为我国军工企业的范畴，这些企业的主业

---

① "三线建设"于1964年启动，横贯国家三个"五年计划"，历时17年。这一时期，我国军事工业建设重心完全放在西部，军事工业和科研基本建设的投资额累计达280亿元。

② 1998年后，军队不许再进行企业化生产经营，一些企业无偿交给地方，但也允许一些单位和企业开展对外有偿服务。2015年，中央军委改革工作会议提出全面停止军队有偿服务。

是生产和研发武器装备及其相关产品。

1.2.4　民口企业

相对于军工企业而言，民口企业指主要从事与国民经济相关的物资产品生产经营的企业。对民口企业的概念，国外学者研究相对较少，这与军事工业发展的基本国情有关。西方国家的军事工业是基于市场经济背景下建立发展而成，军事工业的市场化程度较高，体系建立比较完善，各类企业从一开始就充分参与军事工业的生产与研发中，因此国内外学者对军民企业在认识上有概念的差异。一些西方学者坚持认为，军工企业和民口企业不存在什么差别，其生产在很大程度是一体化的（M. Kelley & T. A. Wakins，1995）。但也有学者提出，军工企业与民口企业之间是存在差异的，其差异程度在社会主义国家要大于资本主义国家，主要体现在政治体制和企业所有制的不同（M. Brzoska，P. Wilke & H. Wulf，1999）。我国的国情和西方国家不同，长期以来军事工业与民用工业是隔离存在的，有非常清晰的界线，军工企业从诞生的一刻就烙上了专门从事军品生产的标记，不管是战争时期遗留的兵工厂，还是"三线建设"时期的军事工业集中建设，军工与民用生产彼此割裂，互相之间没有联系，各自为战。

因此，本书研究中界定的民口企业，是指具有军事工业中有关武器装备生产和研发能力，但较少或没有参与过武器装备的制造，主业是生产国民经济相关的物资产品的国有或私营企业。

综上所述，本书的研究范围是军民融合发展后的军事工业基础制造领域，这些工业产品流通在武器装备生产和研发的各个环节，军工企业和民口企业均可以参与竞争，符合市场经济下的需求与供给关系；研究对象是历史上独立发展形成的军工企业和市场经济环境下的民口企业；研究重点是市场准入的行政壁垒破除后，军事工业的垄断现状和军工企业新的垄断形式与行为，以及民口企业难以进入军事工业参与竞争的原因和机理；研究目的是打破军工企业的垄断，促进民口企业参与军事工业，充分发挥市场在资源配置中的作用，激发各类市场主体活力，推动公平竞争，实现优胜劣汰，促进技术进步和产业发展。

1.3 理论基础与文献综述

垄断与竞争在市场中相辅相成，已成为市场经济的实质与基本特征，对其的研究遍布各行各业，但迄今为止，基于市场竞争研究我国军事工业中垄断与竞争问题的文献并不多见，主要原因是我国军事工业一直以来较为封闭且管制较多，直到近年来行政壁垒破除后，学者们才开始对其研究，但研究尚在起步阶段，存在诸多分歧争议。理论基础方面，现有经济学对垄断基本理论的研究相对比较丰富。研究现状方面，目前从国内外的研究来看，学者对军事工业垄断与竞争相关问题的研究大多基于自身的国情背景，与本国军事工业的发展模式有较大的关系。此外，由于军事工业相关问题较为敏感，学者较少对别国军事工业相关问题进行深入的分析。因此本书的理论基础和文献综述主要按照以下思路进行：第一部分对垄断与竞争相关的基本理论和研究文献进行梳理；第二部分对国外军事工业垄断与竞争相关的问题的研究现状进行综述；第三部分对我国军事工业垄断与竞争相关问题的研究现状进行综述；第四部分对文献进行归纳和评述。

1.3.1 垄断与竞争的相关理论

1. 理论的发展与评述

垄断与竞争是经济学理论研究中的一个重要命题，这方面的理论发展历史久远，也已较为系统和成熟。以斯密（A. Smith）为代表的古典经济学派最早提出完全竞争理论，认为市场中只有完全竞争和完全垄断两种模式。完全竞争必须具备的三个条件：信息流动的充分性和对称性、产品的无差异性以及企业生产经营的弱影响性。完全垄断同样需要具备三个条件：卖方的唯一性、产品的不可替代性以及新企业没有进入的可能性。以马歇尔（A. Marshall）为代表的新古典经济学派对完全竞争理论提出了质疑，认为市场竞争会促进优势企业的扩大再生产形成规模经济，进一步占有市场份额，在竞争获胜的不断迭代过程中形成垄断，而市场垄断的必然结果又是阻止竞争，扼杀企业活力，弱化资源配置效率，这就是著名的"马歇尔冲突"。

之后，不同学派的学者们针对垄断的形成与发展开展了丰富的理论研究。熊彼特（J. A. Schumpeter, 1912）否定了完全竞争理论关于竞争的静态观点，认为竞争是技术革新带动的新旧企业更迭的过程，是推动企业不断自我革新的过程，但对垄断的理解依然认同马歇尔（A. Marshall, 1890）的观点，认为创新带来的规模效应是形成垄断的原因，并使企业获得了一段时期的超额利润。芝加哥学派继承了完全竞争理论对垄断和竞争的定义，在其基本概念的基础上提出可竞争理论，认为垄断只是出现在规模较大的企业中，但这些企业并不具有市场控制力。新制度经济学派从产业结构的角度提出，垄断是企业的纵向一体化的结果，纵向一体化使企业的资产具有独享性，因此造成市场中的部分竞争失效。哈佛学派在分析市场结构的过程中对垄断进行了判定，认为市场集中度、产品差别程度和进入壁垒是市场垄断与竞争程度的判别标准，将市场区分为极高寡占型、集中寡占型和原子型三大类。这些学派关于垄断的观点基于完全竞争理论，以此参照，对垄断进行了认定和区分，熊彼特从技术创新的角度来诠释垄断，新制度经济学派侧重于从市场行为研究垄断，哈佛学派和芝加哥学派则从市场结构区分垄断。

20 世纪 30 年代，张伯伦（E. H. Chamberlain, 1933）和罗宾逊（J. V. Robinson, 1933）各自出版了自己理论著作《垄断竞争理论》（Theory of Monopolistic Competition）和《不完全竞争经济学》（Economics of Imperfect Competition），提出了垄断竞争理论（罗宾逊称其为不完全竞争理论）。垄断竞争理论突破了长期以来各学派研究垄断的基础——古典经济学完全竞争理论中的基本假定，认为完全竞争与完全垄断只是市场中可能出现的两种极端情况，市场中绝大多数是处在两种极端之间的一种被称为"垄断竞争"的状况，并通过微观经济学的系统分析，证实了这种状况更符合现实市场情况。垄断竞争理论认为现实的市场竞争是差异化垄断下的一种竞争，垄断主要源于产品的差异性，不同的产品决定了消费者的喜好，成为垄断的重要因素。企业通过独特的产品对消费者垄断，但却受到产品可能出现的替代品的竞争威胁，在市场中每个企业既有垄断也参与竞争，称为垄断竞争。

完全垄断和完全竞争是一种理想状况，在现实生活中更多是不完全竞争的情况，而不完全竞争中必然有垄断的存在。垄断是由多种原因形成的，经济学家们经过不断的研究证明，专利与天赋等形成的垄断是合法的，行政特权下形成的垄断是非法的，市场竞争形成的经济垄断需要根据市场绩效来具体分析，但如果垄断者不当利用其市场控制力获取超额利润和排挤竞争对手，则会受到政府"反垄断"机构的规制和制裁。

2. 垄断形式的分类

按照垄断产生的原因，可以分为行政垄断、自然垄断和经济垄断三类，相关理论的发展和研究的内容有所不同。

（1）行政垄断。行政垄断又称为行政性垄断，是指行政机关或其授权的组织利用行政权力，限制竞争的行为。以斯密和李嘉图为代表的古典经济学派最早提出的完全垄断主要就来自行政垄断[①]，指通过各类政治权力、禁止法律或同业规制等对自由竞争行为进行限制。李嘉图（D. Ricardo，1817）认为行政垄断是由土地等自然条件限制所引起的，由此提出了"独占价格"的概念。斯密（A. Smith，1776）认为，行政垄断造成市场供给经常不足，使市场需求常常不能得到足够的供给，垄断者因此以超过正常价格的市价销售其商品，获取超额利润。行政垄断带来的危害是巨大的，在商品流通方面，禁止商品的流通不利于经济的发展和消费者的利益；在劳动力流动方面，政府的政策限制劳动力的流动，制造了劳动力流动的障碍。

公共选择学派从政治市场中党派、集团、政府官员以及民众行为的角度对行政垄断进行了解释，认为政府在监管市场的过程中，掌握和控制着大量的经济资源，通过制定市场规则、进入管制、特许经营和公共服务等方式限制企业生产，造成了垄断。政府的决策机制具有非理性，并且政府官员在其中具有利益倾向，经常造成决策的不公平和资源配置的低效率（P. McNutt，2008）。新奥地利学派认为，唯一能真正成为市场进入壁垒的是政府的进入管制政策或行政垄断，最有效促进竞争的政策首先应该是废除那些过时的管制政策和不必要的行政垄断，实行自由政策（夏大慰，1999）。新制度经济学学派认为，政府在拥有对公共物品或服务的管制权力时，渐渐使这些领域形成了排他性的属性，可以制定法律使这种排他性合法，若缺少对政府权力和行为的特定制度约束，政府会滥用行政权力形成垄断（卢现祥，1996）。

对行政垄断问题的研究对主要聚集在其产生的原因、垄断程度的衡量与产生后果，以及如何进行规制等方面。我国计划经济体制下的国家主导行为较多，因此国内学者对行政垄断的研究较为丰富，除了概念、特征和认识方面的研究外，

---

① 亚当·斯密称其为"封建垄断"。

具体应用方面的研究主要集中在对行政垄断程度以及所导致的资源配置效率降低的程度的测算，发现行政垄断在电力、电信、石油及铁路等行业的各个层面上均造成了较大的效率损失（于良春，2010）。还有从法制建设的角度对行政垄断进行规制和改革的研究，认为行政垄断可分为合理行政垄断和不合理行政垄断，需要根据垄断性产业的二元性和行政垄断的两重性特征，制定有效的分类管制政策（王俊豪，2007）。

行业性的行政垄断是计划经济的产物，大多发生在关系国计民生的基础设施行业，带来的后果是效率低、活力不足，限制了技术创新和进步。解决行政垄断中的问题是我国经济市场化改革过程中对垄断与竞争问题研究的重要内容，也是深化经济体制改革的内在要求。

（2）自然垄断。自然垄断是一种特殊的垄断形式，与行政垄断关系密切，新制度经济学派认为自然垄断是政府实施行政垄断的另一个表现。更多的研究认为，自然垄断是指由于存在着资源稀缺性和规模经济性、范围经济性及成本的劣加性（弱增长性或部分可加性）等因素，提供物品和服务的企业容易形成一家企业垄断或极少数企业寡头垄断的现象，如电信、电力、铁路运输、自来水和煤气供应等基础设施产业是公认的自然垄断产业。早期的经济学家穆勒（J. S. Mill，1848）认为自然条件的限制造成了自然垄断，自然资源集中不宜竞争；现代经济学家主要从规模经济的角度来理解和阐述自然垄断理论，如克拉克森和穆勒（K. W. Clarkson & R. L. Miller，1982）、沃特森（M. Waterson，1988）、夏基（W. Sharkey，1981）、鲍莫尔（W. J. Baumol，1977）等认为自然垄断的一切成因最终都将归结到规模经济和成本的劣加性等技术特征。自然垄断产业一般是为社会公众提供基本生活或生产条件的行业，服务对象广，且所提供的产品和服务往往涉及大众的生存条件和生活质量。这类行业只有在投资达到一定规模时才有效率和收益，这种巨大的投资如果重复进行会造成社会资源浪费，因此它只能有限竞争，国家对这种有限的竞争需要进行一定规制，往往进行特许经营，才能避免影响社会福利。

对自然垄断行业的研究仍有争议，一个关键问题就是政府是否需要放松规制和引入竞争。一些学者认为政府应该加强规制，通过国家对自然垄断行业实施更高效的管制措施来提高产业效率（王延惠，2002）。更多学者认为应该放松政府规制手段，通过市场有效竞争来优化资源配置，提高自然垄断与竞争的比较效率。除此之外，近年来的一些研究主要讨论了自然垄断行业的社会福利最优化、行业定价管制和产业的规制改革绩效评估等方面的问题。

自然垄断具有"自然垄断"和"准公共品"两大属性，会在供给上出现市场失灵现象而无法实现市场竞争，与之相适宜的是政府一定程度的价格管制。世界各国都在不同程度上对自然垄断产业实行价格管制，但在政府和企业之间存在"信息不对称"的状况下，如何科学地制定管制价格，是研究自然垄断的主要问题之一。自然垄断最新的理论还提出，产品生产过程中的非自然垄断环节可以同自然垄断环节相剥离而实现市场竞争，这是一个新的研究方向。

（3）经济垄断。行政垄断抛开了市场竞争，自然垄断在很大程度上也有行政干预因素在里面，除此之外，主要通过市场竞争形成的垄断可以称为经济垄断。经济垄断又称市场垄断或行为垄断（张维迎，2003），是通过经济力的优势获取独占市场的现象，是指企业借助经济实力，单独或者合谋在生产、流通、服务领域进行限制、排斥或控制其他企业经济活动的行为，其主要目的是获取高额垄断利润。一些学者的研究认为企业凭借规模投入的优势来获取市场占有率，从而获取高额垄断利润，会损害经济效率。但也有学者研究发现，企业赚取的高额利润和市场占有率的扩大，可能是由于企业规模投入产生了规模经济效益，并不是赚取了垄断利润。尽管学者们分析的出发点不同，但与行政垄断一样，经济垄断也会产生限制竞争的效果，只是垄断与竞争并不必然分离、排斥，往往是两者并存的局面。

经济垄断是随着市场经济的发展在市场竞争过程中形成的垄断，尽管西方经济学对其的研究起始相对较晚，但成果比较丰富，逐渐形成了一个新兴的经济学分支——产业组织经济学。以梅森（E. S. Mason）为代表的哈佛学派最早建立了一个产业组织研究小组，开始对市场竞争过程的组织结构、竞争行为方式和市场竞争结果进行经验性研究。在张伯伦（E. H. Chamberlain，1933）等人提出垄断竞争理论后，梅森在其基础上提出了产业组织的理论体系和研究方向，并在《大企业的生产价格政策》（E. S. Mason，1939）一书中对其进行详细阐述，开创了系统研究产业组织的理论。之后，贝恩（J. Bain，1959）对梅森的研究内容进行系统整理并补充完善，编写了产业组织理论的教科书《产业组织》。这本书系统地论述了市场结构和市场绩效两段论范式，成为产业组织理论的雏形。19世纪70年代，谢勒（F. M. Scherer，1970）在贝恩的基础上，通过实证研究推导出企业的市场结构、市场行为和经济绩效之间存在一种单向的因果联系，认为集中度的高低决定了企业的市场行为方式，而后者又决定了企业经济绩效的好坏，从而建立了传统产业组织理论中流行的结构—行为—绩效（structure-conduct-per-formance，SCP）分析范式，将产业组织理论体系又向前推进了一步。产业组织理论认为：在一定程度的市场竞争后，会形成垄断的市场结构，垄断的市场结构下企业的效率是低下的，必须破除垄断，恢复市场的竞争，企业效率才能提高；垄断市场中存在少数企业间的共谋，或者少数企业利用市场信息优势削弱了市场竞争，破坏了资源配置效率。产业组织理论主张营造市场公平竞争环境，反对大小企业之间为控制市场的兼并和重组，以及阻碍竞争的协调行为，并且对垄断状态的市场份额给出了认定标准，认为政府应该依据标准，及时对市场形成生产经营的垄断态势进行规制，制定反垄断措施。20 世纪 60 年代，芝加哥学派对哈佛学派的结论提出了争议，认为垄断的症结在于共谋，共谋引起的市场绩效决定了市场结构，而不在于垄断市场状态本身，主张反垄断政策应突出效率目标。70 年代后，以斯彭斯（A. M. Spence）、萨洛普（S. C. Salop）、费希尔（S. Fisher）、迪克西特（A. K. Dixit）、施马兰奇（R. Schmalensee）、吉尔伯特（M. Gilbert）等人为代表的一批数理基础扎实的经济学家，运用现代微观经济学的理论和方法，重新改造了传统产业组织理论，建立了新产业组织理论。新产业组织理论引入可竞争市场理论和博弈论，认为垄断的形成不只取决于市场结构这种客观事实，还取决于企业的市场行为可能引致的其他企业反应行为的预期。市场的垄断不再只是一种客观的经济决定，而与企业的行为预期紧紧地联系在一起。20 世纪末到 21 世纪初，考林（C. Cowling）、沃特森（D. S. Waterson）、鲍莫尔（W. J. Baumol）等人以博弈论、合约理论和交易成本理论为基础，用理论模型取代统计分析来研究企业行为，把新产业组织理论的研究又推向一个新的高度，研究重点超出了市场结构的框架，更多转向市场行为，通过判断企业在市场中的行为是否具有垄断意图来分析垄断的原因，认为政府的规制应主要以行为控制为目的，引导企业开展公平竞争。

3. 经济垄断的主要方式

在市场竞争环境下，垄断的主要形式是经济垄断。新产业组织理论认为企业实施经济垄断主要包括建立垄断协议、滥用市场支配地位、过度兼并三种手段。

（1）建立垄断协议。垄断协议也称为限制竞争协议或卡特尔协议，是指两个或者两个以上的企业（包括行业协会等企业团体），通过协议或者其他协同一致的行为，实施固定价格、划分市场、限制产量、排挤其他竞争对手的行为。这种垄断行为在市场中较为常见，能快速达到限制竞争的目的。垄断协议使市场中的部分企业形成小团体，共同阻止其他企业参与竞争，加大了市场的进入难度，同时垄断对市场进行划分并形成超额利润，削弱消费者的市场话语权，侵占消费者的权益。因此，垄断协议既限制了市场规模的增长，又侵害了消费者的权益，造成社会整体效率下降。

垄断协议可以提高价格，使协议内的垄断成员获取最大的产业利润，这对行业内的企业来讲具有诱惑力，它们会努力达成这样一种协议，如果政府不进行规制，垄断将很快形成，政府的规制措施越松，垄断协议形成的组织就越活跃（R. Posner，1970）。但是，并不是每一个行业都具有形成垄断协议的基础，施蒂格勒（G. Stigler，1964）最早提出了导致企业形成垄断协议的行业特征，包括较高的行业集中度、显著的进入壁垒、频繁定期的订单、迅速的市场增长、技术或成本对称、多市场合约和产品的同质性等，海伊和凯利（G. Hey & D. Kelly，1974）、罗滕伯格和萨罗纳（J. Rotemberg & G. Saloner，1986）、伯恩和惠斯顿（B. D. Bernhein & M. D. Whinston，1990）、莫特（M. Motta & M. Polo，2004）以及欣洛普和萨提文（J. Hinloopen & A. R. Soetevent，2006）等人对这些因素进行了完整而详细的讨论。康纳（J. M. Connor，2001）从产业中产品的角度对形成垄断协议的因素进行了补充，提出如果某个产业的产品特征能更容易发现协议中的背叛行为，这个产业中的企业之间能更快地建立垄断协议，并通过一些实证验证了结论。垄断协议并不是稳定而长期的，协议内的企业也不是永久一致的合作，成员之间存在各种的冲突问题（T. Schelling，1960）。如果垄断协议内成员之间的博弈只有一次或者少数几次，每家企业都有很强的动机去背叛垄断协议，哈萨尼（J. C. Harsanyi，1973）认为，垄断协议执行一段时间后，企业有着更强的利润动机来背叛而不是去坚持合作协议，而协议的破坏会引发价格战，因为一个企业可能在发现自己的市场份额下降时，并无法识别是被同伴欺骗还是市场的需求在减少，因此会造成破坏性的价格战（E. J. Green & R. Porter，1984）。尽管垄断协议不稳定，但事实上提升了市场价格，一些学者在军事、化学、生物制药、房地产等行业发现了这一情况，并给出了其对价格影响效果的评价（L. Froeb，R. Koyak & G. Werden，1993；J. Kwoka，1997；B. A. Morse & J. Hyde，2000；J. M. Connor & H. L. Robert，2005）。

（2）滥用市场支配地位。市场的支配地位是指企业相对于市场上的其他竞争者具有较为明显的能力或规模优势，凭借这种优势可以控制市场交易条件或者提高市场门槛来阻碍其他企业进入的能力体现。鲍德温（J. Baldwin, 1995）、格罗斯基和托克（P. A. Geroski & S. Toke, 1996）的研究发现，行业内排名第一位的企业可以将市场份额领先的优势维持 17～28 年。滥用市场支配地位，是指企业在具有的市场支配地位的情况下，以谋取超额利润或者排挤市场竞争对手为目的控制竞争程度，并损害消费者和其他企业合法利益的行为。滥用市场支配地位的现象在很多行业都常见，学者们从垄断势力和市场结构的动态变化中找到了大量证据，主要的论据来自三个方面（T. M. Dunne, J. Roberts & L. Samuelson, 1988；P. A. Geroski, 1995；J. Gable & J. Schwalbach, 1991；R. S. Jarmin, S. D. Klimek & J. Miranda, 2004）：一是企业在垄断市场的进入和退出是频繁的，说明垄断市场的根源并不是被行政壁垒所封闭；二是进入企业在垄断市场的市场份额是小规模的，并不能随时间得到增长；三是进入企业的生存率相对较低，在制造业市场，60% 的企业选择在五年之内退出市场，80% 的企业的生产时间不超过十年。

　　滥用市场支配地位的企业一般都具有能力或规模等方面的经济优势，这种市场地位可能源于先进入者具有领先的成本效率和更有利的政策保护（G. T. Urban, S. G. Carter & Z. Mucha, 1984；M. Lambkin, 1988；W. Mitchell & D. Clocks, 1991；C. Brown & J. Lattin, 1994）。具有市场支配地位的企业通过搭售、价格歧视、掠夺性定价、倾销和独家交易等强势行为，将已经存在的竞争者排挤出市场，或者通过提高市场壁垒阻止潜在可能的竞争者进入市场。奥道尔和韦林（J. Ordover & R. Willing, 1981）认为，这些行为在市场中具有普遍性，市场份额较大的企业的第一目标就是将竞争者驱逐出市场或者防止竞争者进入市场。这种行为与垄断协议的效果一样，限制了市场规模的增长，降低了生产和研发效率，阻碍了经济发展和技术进步。同时，滥用市场支配地位还会造成垄断定价，造成对消费者权益的损害，降低了社会总福利，可能造成社会经济秩序不稳定。滥用市场支配地位企业的行为最主要的表现是通过掠夺性行为来设置市场进入壁垒，学者们对其的研究也较多，博弈论是研究的主要方法，斯彭斯（A. M. Spence, 1977）和迪克西特（A. Dixit, 1980）的经典数学模型对掠夺性行为作出了完整的描述，米尔格罗姆和罗伯茨（P. Milgrom & J. Roberts, 1982）、博尔顿和萨尔福斯坦（P. Bolton & D. Scharfstein, 1990）的模型显示了掠夺性行为是一个动态博弈中子博弈完美策略，萨罗纳（G. Saloner, 1987）的模型很好地反映了掠夺性行为形成的低价格策略挤出了大量的竞争者。除此之外，一些实证的研究也支持了理论模型的观点，博尔顿、布罗德里和赖尔登（P. Bolton, J. Brodley & M. Riordan, 2001）对竞争者离开市场的行为与掠夺者行为的关系进行研究，发现之间具有较大的相关性联系，埃利森（G. Ellison & S. Ellison, 2006）以制药行业为例，找出了掠夺性行为与阻止竞争者进入市场的关系。对于掠夺性行为的形成原因，鲍莫尔（W. J. Baumol, 1996）提出，掠夺性行为的形成需要必要的市场先决条件，公共政策是可能创造这些条件的原因。

（3）过度兼并。这是指，企业通过多种方式取得对其他企业的控制权，或者有对其他企业有决定性影响的权力，由此达到垄断市场的地位。企业进行合并的方式有三种，主要是根据兼并企业联合之前相互关系的性质来区别：第一种是横向兼并，指原先在同一产品市场是竞争对手的企业合并在一起，这些企业处于产业链的同一等级，生产的产品是可替代的；第二种是纵向兼并，这些兼并包含了在产业中处于不同阶段的企业，上下游之间开展合并，企业之间生产互补或者配套的产品；第三种是混合兼并，指既没有明显的替代关系也没有明显的互补关系的企业的兼并。

对于横向兼并，萨伦特、斯威策和雷诺兹（S. Salant, S. Switzer & R. Reynolds, 1983）提出了著名的"并购悖论"指出，理论上发现大多数横向兼并都是不获利的，但这种横向兼并却在真实世界中一直发生。针对这个悖论的研究，有两种不同的结论：法雷尔和夏皮罗（J. Farrell & C. S. Shapiro, 1990）的研究发现，如果企业的横向兼并能为消费者带来正的收益的话，则这个横向兼并一定是对企业有足够大的成本节约；但赛林杰（M. Salinger, 2005）的研究提出，横向兼并并不带来固定成本的节约；李希腾伯格和西格尔（F. Lichtenberg & D. Siegel, 1992）以及曼克斯莫克和菲利普斯（V. Manksimovic & G. Phillips, 2001）的研究发现，横向兼并对生产率的收益以及因此带来的边际成本节约至多不超过 1% ~ 2%。研究横向兼并的理论模型很多，其中多尔蒂（A. F. Daughety, 1990）的模型比较有特点，他研究了行业具有斯塔克尔伯格领导者的情况下的横向兼并现象，指出不论哪两个企业联合，不管市场中已有的领导者数量有多少，任意两个企业的兼并会成为一个领导者，但这种领导者并不带来任何成本节约和产品创新，会引发其他企业的兼并浪潮，会大幅消减市场竞争。除此之外，尼尔森（T. Nilssen & L. Sorgaard, 1998）、福勒奥勒（R. Fauli-Oller, 2000）和萨尔沃（A. Salvo, 2006）也建立了相关模型证明了横向兼并带来的领导者地位会迅速加大行业的集中度，并指出成本或产品质量的突然改变是造成兼并发生的主要原因，引发兼并大潮。

纵向兼并是生产互补型产品企业之间的兼并，早期经济学家认为，上游的兼并企业可能在兼并后拒绝向它的下游竞争对手提供产品，导致竞争对手退出市场，但芝加哥学派的里奥登（M. Riordon, 1998）对此提出了质疑，认为纵向兼并是有利于竞争或者是无碍于竞争的。之后，博弈论的工具被加入到纵向兼并的理论模型中，得出的结果是，纵向兼并对消费者的福利存在潜在的损害。其中比较有代表性的是塞林杰（M. A. Salinger, 1988）提出的基于古诺竞争的模型，证明了通过纵向兼并的确可以减少竞争，因为兼并会实现市场排挤，兼并后的新企业能够对上游或下游的竞争对手进行制约，致使独立的竞争企业处于不利地位。在此基础上，奥德尔、萨罗纳和塞洛浦（J. A. Ordover, G. Saloner & S. Salop, 1990）继续考虑到被市场排挤的独立企业可以通过联合其他独立的企业来对抗兼并企业的情况，认为如果纵向兼并给企业带来利益，那么所有的企业都会选择兼并，市场也将出现兼并大潮。佩波尔和诺曼（L. Pepall & G. Norman, 2001）对奥德尔等人的模型进一步改进，发现纵向兼并的市场排挤不会在均衡时发生，不会出现兼并大潮，但会导致多个纵向兼并企业之间展开竞争。

混合兼并是指参与这种兼并的企业生产的产品之间，一般既不是直接互补关系也不是直接替代关系，产品之间几乎没有联系。这种兼并主要基于规模经济和范围经济的效应，内桑森和卡萨诺（D. A. Nathanson & J. Cassano, 1982）的研究发现，进行兼并的很多企业并不是有相似的技术或产品，甚至没有丝毫关系，进而论证得出，即使生产产品的技术相近或市场差异性很小，还是有很多综合性的大企业生产的产品毫无联系。混合兼并的目的是降低交易成本和提高企业生产效率，但并不带来短期利益的最大化，这是在横向兼并和纵向兼并被制约之后的一种选择方案，其目标是躲避市场的监管或者规避企业自身的风险，这种情况在上市企业中出现得最多。2015 年，在我国股票市场出现高风险的时期，曾出现过大批企业跨界并购的案例，其目标就是将本行业的风险分散到其他行业里，同时避开政府的监管。阿赫穆德和列夫（Y. Ahimud & B. Lev, 1981）以及梅（D. O. May, 1995）的研究支撑了这一观点，发现一个企业如果业务集中到一定程度，这个企业将倾向于进行混合兼并。阿加沃尔和萨姆威克继续发现，这些被混合兼并的企业往往是廉价并不被看好的企业（R. K. Aggarwal & A. Samwick, 2003）。

企业在参与市场竞争的过程中，通过以上不当方式形成较强控制力或采取排他性行为，导致市场出现非行政性的准入限制，干扰政策的经济秩序，则会受到各国反垄断机构的严格调查和约束。

1.3.2　国外军事工业的垄断与竞争

军事工业与武装力量和国家安全相关，其垄断有特殊性，因此对垄断类型的区分要综合考虑军事工业的发展模式。当前，国外军事工业的发展模式主要有两种。一种是以美国为代表实行的采办引导体制，政府通过购买活动来引导军事工业发展。这一模式下，政府除了对核军民产品、民用和部分军用航空航天项目的研制和生产实行行业管理外，没有制定专门的产业政策激励军事工业，而是利用市场竞争促使军工企业自发调整能力结构和布局。军工企业以私营企业为主，在市场环境下通过并购重组优化资源配置，形成例如波音、洛克希德－马丁、诺斯罗普－格鲁曼、通用技术和雷神等大型军工企业垄断集团。另一种是以俄罗斯为代表的行业管理体制，政府通过行业主管部门制定产业政策和进行投资活动来带动军事工业的发展。这一模式下，军工企业以国有企业为主，政府通过行政命令进行资产划拨和关停并转，形成科研院所和生产工厂两类分工明确的国有军工企业，如巴拉诺夫中央航空发动机研究所和米格飞机制造集团等，这些军工企业利用国家支持的优势，对军事工业实施垄断生产。

其他独立自主发展军事工业的国家，军事工业的发展模式大多效仿这两种发展模式，形成的垄断各有不同。

1. 以美国为代表的军事工业的经济垄断

军事工业与国民经济其他部门的市场不同，有其特殊的经济问题和规律。美国军事工业在大市场经济的背景下发展建立而成，市场化程度较高，体系建立比较完善，特点比较突出，对其研究的学者较多。学者对垄断方面的研究大多基于军事—工业复合体（military-industry complex，MIC）或军事—工业—政治复合体（military-industry-political complex，MIPC）的概念（D. D. Eisenhower，1961；K. Hartley，2007），认为军事工业是由武装部队、国防部、主承包商构成的生产者团体和政客所组成的利益集团，是一个国家和产业内部既得利益的联合体，并可能导致更重视联合体成员的利益决策而不是根据国家安全利益决策（崔维，1980）。这种概念在欧美等资本主义国家被广泛接受，西方学者在此基础上对军事工业的垄断特点进行归纳和总结。

对于美国军事工业的垄断背景，亚当斯（W. Adams，1968）有一个整体的评价，他认为美国军事工业具有独特的市场环境，不同层级的卖家和买家之间的交易会受到政府这个最终采购方的限制，其中部分卖家与政府之间可能会依靠共同的利益联结在一起。韦登鲍姆（M. Weidenbaum，1968）也曾指出，军事部门与军事工业的一些供应商之间的紧密关系影响了市场主体的竞争行为。对军事工业垄断的原因分析，麦基（J. W. McKee，1970）认为，买卖双方存在一种特殊的关系，大买家能够直接影响大卖家的政策和决定，市场经济关系中存在被这种特殊关系影响的交易行为。科里（E. R. Corey，1978）在研究中发现，对军事工业的一些产品虽然看起来可以像商业市场一样协商出满意的价格和质量，但在大买家的垄断势力下，实际竞争可能受到更多的影响。

对于军事工业市场与政府的关系，甘斯勒（J. S. Gansler，2011）认为，美国政府深度介入到军事工业的运行之中，支持企业的研究和开发，提供关键的工厂和设备，使企业的具体运营受到了影响。政府的介入使军事工业变得完全独特，使市场竞争受到影响。亚当斯（G. Adams，1982）通过对美国从事军事工业的相关企业的调查分析得出，企业中23%的董事会成员曾在联邦政府中与军事工业有关的机构中担任兼职顾问或其他职务，这些政府工作的经历为公司提供过重要的信息和政策分析。他同时还发现，政府和企业对军事工业中的相关信息绝对保密，往往不会披露任何相关信息，以至于实证的经济分析手段难以探析这其中的影响。

对于市场主体，罗敏（2010）对美国军事工业发展的三个不同时期的特征进行了分析，认为市场主体可分为主平台制造商、子系统提供商和部件提供商三个层级，国防部与各级厂商同时打交道。但自20世纪60年代起，子系统提供商和部件提供商之间的关系，以及主平台制造商与政府之间的关系发生了变化，主平台制造商成为子系统提供商和部件提供商与政府之间的纽带，政府越来越少地与子系统提供商和部件提供商直接打交道。伴随着重组并购的深入，主平台制造商对子系统提供商和部件提供商之间竞争提出更多要求，市场的结构和竞争方式会变得更为复杂。

为了破除垄断，提高市场竞争效率，美国政府出台了很多激励政策。美国军事工业的市场效率是当今世界最高的，市场主体在资源配置中起决定性作用，政府在市场中往往只能进行有限的宏观调控。布雷迪和维多利亚（R. R. Brady &

A. G. Victoria，2010）通过对 20 世纪 90 年代美国公布的军事工业经济数据进行分析，研究了"促进美国军事工业竞争的是国防部政策还是其他经济部门"。研究中详细比较了军事工业与其他部门和总体经济的结构性变化过程和消费数据，认为经济因素比国防部政策更有效地推进了军事工业的竞争，单凭国防部采取政策的行动不能有效地促进竞争和激励创新，从而改变军事工业的形态。但也有学者认为，政府出台行业管理政策对军事工业竞争的影响巨大，斯密（R. Smith，2013）认为在全球军事开支削减的大背景下，即使美国政府的预算没有争议，财政减少赤字的压力和从阿富汗撤军也会限制美国未来的军费开支，从而减少军费开支。在这种情形下，政府逐渐减少军费将对军事工业的竞争产生巨大影响，可能会导致行业集中度提高，并由此波及很多与军事工业相关的其他产业。威廉和丹尼斯（E. K. William & E. S. Dennis，1994）认为，美国军事工业面临第二次世界大战以来最大的结构性动荡，国防部的武器采购预算将会下降达 65% 以上，从而导致行业的需求收缩，带来军事工业的合并和重组，并以美国航空工业的整合为例进行分析，认为国防部出台的政策对推进整合方案产生至关重要的作用，其中包括参与司法部的反垄断监管，参与联邦贸易委员会（FTC）和联邦法院对军事工业的合并影响竞争的判决。对一些军事实力较小的欧洲国家的军事工业市场的分析发现，政府在非军事领域的政策也对军事工业的竞争造成影响。卡洛斯（P. B. Carlos，2005）利用随机成本模型分析了葡萄牙军事工业竞争的相对效率，论证政府的政策是否提高了技术创新效率，以及文化环境是否影响生产效率，发现：国防部颁布和实施的法规没有达到提高效率的目的，军事工业部门的低效率与本国文化有根深蒂固的关系。布卢姆（M. Blom，2013）以挪威军事工业为例，研究了效率与军事工业政策之间的关系，通过模拟不同的政策场景模型，分析对未来欧盟自由化后对军事工业市场竞争的影响。

欧洲传统军事大国的军事工业与美国类似，不再赘述。值得一提的是，欧美军事工业体系内的市场逐渐趋于一体化，企业之间的合作不仅仅局限于国内，国际化合作的程度也在不断加强，因此，不少学者对欧美军事工业作为一个整体进行研究。如比索（P. Bisho，2003）通过对英国军事工业经济数据进行实证分析，找出了军事工业中企业竞争与企业规模之间的关系，其结论表明，军工企业的整体规模对参与市场竞争有积极影响，特别是与海外企业的竞争，认为小企业在参与竞争时面临约束，大企业则有较大的优势。

2. 以俄罗斯为代表的军事工业的行政垄断

俄罗斯的军事工业虽一直在计划经济向市场经济转化的改革过渡中艰难发展，但也具有代表性，与我国军事工业的历史发展有很多相似之处，其垄断特点也比较明显。俄罗斯的军事工业继承了苏联的军事工业体系，按照行业建立军事工业系统，分工明确，领域自制，结构封闭。市场靠行政命令指导运营，企业按中央下达的计划组织生产和研发，在计划经济条件下，运行是有效的，国防动员能力强大，但经济效益不高。随着市场经济的发展，军事工业继续按照计划经济的模式发展逐渐不相适应，俄罗斯加强了军事工业市场化的改革，过程中的垄断变化特点也比较突出。

学者对俄罗斯军事工业垄断的研究基于国防工业综合体（ОПК）（早期称为军事工业综合体，简称ВПК），特点是可以通过最大限度地集中国家财力、物力和人力来保证在最短时间内研制和生产出最复杂的、最先进的武器系统。一些学者把苏联军事工业的特点描述为高度集中而又完整的行政垄断，这种垄断下军工科研机构和企业由国家直接控制，中央政治局集中拥有所有的决策权，武器装备研发和生产部门没有自主权，军事部门不能提供武器装备的需求和采办预算。在俄罗斯接手苏联的军事工业后，虽然加强了军事部门的采办预算和需求建议权，但武器装备研发和生产仍由中央政府集中决定，军事部门只负责订货（刘晓飞，1996）。这些学者在研究俄罗斯军事工业时对这种行政垄断表示认同，认为用于作战的高科技武器装备，价格高且采购量不稳定，加上研发过程中的高风险和长周期，没有巨大、持续的资金和政策支持是不可能持续的。

对俄罗斯军事工业市场与政府的关系，侯铁建（2005）认为，在俄罗斯这个有着威权政治传统的国家里，政府充当了产权所有者、产品消费者和市场干预者几重角色。俄罗斯军事工业受政府的方针政策影响很大，甚至是决定性的影响。因此，市场化的方法在俄罗斯军事工业体系运行中只能在一定的限度内发挥作用，对其军事工业问题的研究必须考虑政府的作用。

在市场主体与绩效方面，俄罗斯政府根据武器装备涉及的行业分类，组建了以设计局（研发）和工厂（生产）相互配套的科研生产综合体，对军事工业实施行政垄断。军事工业市场主体呈一体化结构，各行业出现以"核心"企业牵头组成的集团化公司，包含了全产业链的各环节的企业，集中了俄罗斯军事工业的大部分研发和生产能力，完成60%以上的武器装备产品。俄罗斯实施集中化战略，打造了一批集科研与生产于一体的大型综合性军事工业集团，一定程度上提高了俄罗斯军事工业的企业竞争力。周维第（2009）在研究俄罗斯军事工业转型时认为，其军事工业的发展较少出现提高劳动生产率的技术、生产工艺和组织创新，资源利用率不高，发展过程中消耗了大量资源。

为解决行政垄断带来的效率低下问题，俄罗斯政府在对军事工业的改革中规定在同一个行业内必须建立多个一体化结构，以保持一定的竞争来提高效率。王新俊（2001）的研究发现，俄罗斯科技创新能力的绝大部分集中在军事工业体，因此军事工业体改革是俄罗斯整个国民经济改革最重要的基础。在这种体制下，俄罗斯对军事工业进行市场化改革的主要特点是将大量国有军工企业私有化，伊丘莫夫（A. Izyumov, L. Kosals & R. Naryvkina, 2000）基于莫斯科、圣彼得堡、中欧地区、西伯利亚西部、伏尔加地区、乌拉尔和远东地区的军工企业的纵向调查数据，梳理了 20 世纪 90 年代的俄罗斯军事工业国有企业私有化过程，但没有对私有化后的军事工业市场运行绩效进行评价。科伦尼科娃（O. Kolennikova, 2010）在研究中总结了俄罗斯军事工业市场化改革 20 年的成果，认为改革并没有创造出军事工业发展的有效经济机制，政府没有负起责任，没有制定工业政策和军事发展路线，真正的权力掌握在大企业家手中，形成强大的垄断势力，反而阻碍了该行业的市场化进程。

1.3.3　我国军事工业的垄断与竞争

1. 军事工业中与垄断相关的体制问题

我国的军事工业体制的建立受到苏联的影响，结构基础构建与俄罗斯相似，由于所处的国际背景和政治体制有差别，垄断形式有所不同，但很长时间内也在行政垄断的影响下运行。由于我国军事工业的市场化改革进展较慢，而且公开信息相对较少，目前还没有专门的研究对我国军事工业的垄断形式和特点做出归纳，只是从对军事工业历史发展的研究或军民融合的研究角度，对市场的形成和发展进行了梳理，抑或是在研究军事工业中的某些问题中，提及垄断的一些特点。侯光明等（2009）对我国军事工业的发展改革进行了系统的研究，从建设思想、管理体制和政策演进方面将我国军事工业分为几个时期进行了详细分析，其中包括垄断的一些背景和原因，认为目前政府对军事工业的总体战略规划、重大项目招投标制度、投融资制度、资产管理制度、知识产权制度以及资质认证、工程质量监控、国家投资等方面的职能和作用依然非常强大，市场尚未完全开放，政策和法律不健全，垄断格局并未改变。一些学者从军事工业市场主体的角度出发，对军事工业进行产业组织分析，探讨了各主体之间的关系，认为军事工业长期以来惯性形成的"垄断性"，以及需求的系列性、非均衡性，使企业的经济利益和发展机会陷入极大的不确定性之中，造成了现有军事工业的垄断格局。还有学者从武器装备定价的角度，分析了我国军事工业大型合同项目中寡头垄断的形成、特点与发展变化，以及主承包商寡头垄断对装备价格的影响和促进竞争应当注意的问题（罗仲伟，2003）。也有一些学者从军民关系制度变迁的角度，考察了我国军事工业市场结构主体的历史沿革，讨论了军民融合军事市场结构目标模式的选择，认为我国军事工业目标市场结构模式是以寡头垄断为主，包括一定范围的完全垄断市场和垄断竞争市场在内的市场结构形式（张允壮，2013）。

2. 军事工业主承包商层级的垄断与竞争

竞争性采办方式主要作用于政府对军事工业最终产品生产和研发的激励，属于主承包商之间竞争的问题。由于政府维持大型主承包商之间的竞争面临高额成本，因此竞争性采办只能是有限竞争，关键在于消费者对竞争成本和采办成本之间的权衡。

采办中权衡的主要手段是价格，因此价格激励是从装备采办角度研究打破完全垄断的关键问题。这方面的研究主要从采办中的定价问题出发，讨论军事工业中主承包商的寡头垄断，认为装备采办体制和军品定价方法是导致垄断生产和竞争不足的主要原因。我国军事工业装备采办体制的变化对武器装备的价格弹性、价格构成、定价程序、价格管理体制和机理产生的影响，导致主承包商的垄断现象越来越突出，竞争越来越少；固定成本加成的定价方式缺少激励机制，进一步减少了市场竞争，增加了企业的"等靠要"思想，增加了采办成本。因此，一些学者从采办激励的角度对主承包商之间的研发竞争进行了研究，通过构建军事采办研发项目"设计竞争"中的竞赛模型，分析了企业在国防采办中的研发竞争策略行为，探讨了采办政策对研发竞争的补偿问题，提出一些研发成本补偿方式（吉炳安，2007）。

随着军民融合的不断深入，激励性更强的竞争性采办政策越来越多地被政府采纳。竞争性采办政策将以往军品科研、生产和保障的垄断型市场结构调整为竞争型市场结构，将采办选择的对象从少数军工企业特别是国有军工企业转向整个国民经济具备相应资格的所有企业的政策。黄朝峰（2008）从可竞争市场理论中得到启示，认为尽管我国装备采办市场的可竞争性是不完全的，需要进行必要的行政管制，但目的不是取代市场，而是通过各种手段为实现市场可竞争性创造条件，以实现良好的经济效率。

3. 军事工业分包商与零部件商层级的垄断与竞争

军事工业"民参军"的竞争问题主要集中在生产过程对中上游产品的市场化采购方面，属于分包商和零部件供应商之间的竞争问题。我国的军事工业市场化发展尚不成熟，并未形成军民融合的竞争态势，民口企业在军事工业中的地位比较低，军工企业一开始就被赋予了完成军事工业任务的特性，因此不存在市场竞争问题，这类问题主要讨论民口企业如何参与到军事工业竞争中。

国外学者对民口企业进入军事工业参与竞争的研究相对较少，这与各国军事工业发展的基本国情有关。冷战结束后随着各国国防采购经费的急剧下降，一些国外学者从生产资源转移的角度，研究了军工企业转产民品的困难和可能的效果，认为军转民过程是平稳的，可以产生正向的经济效益（M. Cooley，1981；I. Thorsson，1984；Z. B. K. Schomacker，P. Wilke & H. Wulf，1987）。对于民口企业进入军事工业，国外学者对市场中的进入问题进行了分析，认为民口企业需要面对法制环境不健全、先期市场被占据、竞争环境适应以及大量资本投入等问题（T. J. Richardson，1993；M. Brzoska，2007；K. Hartley，2010）。布鲁姆霍斯特和弗兰肯斯坦（J. Brommelhorster & J. Frankenstein，1999）在对我国军事工业中的问题分析里提出，军工企业在市场上的生产和销售一般都得到了国家的补贴，提供这种补贴的基本解释是维持战时急需扩张的生产能力，是维持一定战备水平的一种手段。

由于军事工业相对比较封闭，国内学者对民口企业进入军事工业的研究文献也较少，相关研究主要集中在四个方面：一是从市场环境的角度，认为军品交易由于缺乏市场机制，民口企业在现行的定价方式下无法获得利润，故而没有进入市场的动机（林健，2002）；二是从资本市场的角度，实证检验了不同融资方式对民口企业进入军事工业生产和研发领域产生的影响（湛泳，2016）；三是从进入壁垒的角度，对影响民口企业进入军事工业的壁垒现状进行政策解读和分析说明，探讨民口企业进入军事工业的制度障碍，认为政府扶持、市场信任、行政许可、信息发布、保密过严是造成军事工业生产领域准入难的原因（李湘黔，2013；黄朝峰，2013）；四是从制度影响的角度，主要采用各类博弈论方法对"民参军"的时机、条件以及民口私营企业与军工企业合作的方式等方面进行分析（张力，2004；汪浩瀚，2008；曹少琛，2016）。

4. 影响军事工业分包商与零部件商参与竞争的原因

还有文献从市场竞争的角度，提出了一些在军事工业基础制造领域造成"民参军"进入困难的问题，认为除了行政壁垒之外，军事工业基础制造领域的竞争不公平仍受到政府投资、军民工业标准差异、定价机制和税收不公平等因素的影响（毕京京，2015；王祖强，2015），但并未对这些问题的原因做出分析。

政府投资对军事工业中的分包商与零部件商之间的竞争产生较大影响，这方面的研究值得关注。在军方提供的合同范围内，政府对部分军工企业进行投资建设是军事工业的特点之一，对获得一些武器装备型号部分产业链环节的企业，政府会按照一定比例提供支持研发或生产基础条件建设的资金。相关的固定资产投资是政府为实现某项军事目的而进行的投资，是军事工业整体发展的重要组成部分，是军事工业持续、快速、健康、稳定发展的重要物质保证。政府为了鼓励企业致力于军品业务，降低企业生产经营风险，保证军品的质量，提供了资金支持，但政府对军工企业的投资也不同程度影响了竞争的公平性，降低了民口企业参与生产和研发的积极性。

政府投资对军工企业的成长和发展影响较大，对垄断的形成和市场竞争具有影响。目前，政府的固定资产投资以任务形式实施，计划经济特点明显，几乎没有绩效考核，方式较为单一。因此，一些学者认为，投资管理体制和机制上应采用市场化的手段，投资重点和方向上应更多地关注军事工业的整体能力，尽可能少地对市场竞争产生影响（王宝坤，2006）。

1.3.4 文献评述

我们通过对垄断理论的梳理发现，相关经济学基本理论方面的研究已经相对比较成熟，虽然存在不同学派的思想，但总体而言可划分为行政垄断、自然垄断和经济垄断三个类型。自然垄断理论主要针对天然资源稀缺性和成本的劣加性，适用于供水、供电、煤气供应等特殊产业；行政垄断反映行政机关或其授权的组织利用行政权力限制竞争的行为；经济垄断则源于滥用经济力的优势所导致的市场准入的限制。行政垄断和经济垄断经常交织存在，是大多数行业垄断与竞争问题研究的主要关注所在。本书研究重点是军事工业基础制造领域，不涉及天然资源的利用问题，因此运用的主要是行政垄断和经济垄断研究相关的理论。

通过对国外军事工业垄断相关问题研究的文献梳理发现，政府或军队参与到军事工业对企业之间的市场竞争影响较大，是各国军事工业垄断的共同原因。在此基础上，垄断的形式与各国军事工业的形成和发展有较大的关系，基于市场机制形成的军事工业体系中，经济垄断是主要的形式，企业经过长期的优胜劣汰后，优势企业利用强大的市场势力实施进入限制，阻止和排挤新进入的企业参与竞争。基于行政手段形成的军事工业体系中，行政垄断是主要的形式，企业按照行政划定的区域对市场实施垄断经营，不允许其他企业参与竞争。进入 21 世纪以后，各国对军民融合发展是军事工业的改革趋势认同一致，因此，学者们普遍认为军事工业首先需要破除行政垄断，再进一步通过市场监督和管理来规制经济垄断，营造公平竞争的市场环境，提高资源配置效率。

通过对国内军事工业垄断相关问题研究的文献梳理发现，学者对我国军事工业垄断整体问题研究的文献较少，目前尚未发现专门的研究文献，且研究的背景普遍认为目前我国军事工业开放程度不高，行政垄断依然实质性的存在。部分文献在对军事工业其他相关问题研究的过程中，对垄断形成的制度性原因作了一些简要的分析。对我国军事工业竞争相关的问题研究主要基于两个层面，一个是大型主承包商层级，研究主要是从政府采办的角度进行，认为通过对定价和合同竞争等方面机制设计，引导企业之间开展各种竞争，目标是权衡竞争成本与采办成本之间的关系，以取得效益最高的武器装备最终产品。另一个是中小分包商和零部件厂商层级，研究主要针对民口企业进入军事工业基础制造领域出现的困难局面，提到了一些企业之间市场竞争的策略，但这些策略的目的是获取有关的政策支持，还并不是真正意义上的市场竞争行为。除此之外，部分文献通过政策分析，研究了造成当前军事工业基础制造领域垄断的行政壁垒，以及行政壁垒之外的一些因素对民口企业进入市场参与竞争的影响，其中较多提及政府投资对市场竞争的影响，提出了一些政策性的解决方法，但对政府投资如何影响竞争的经济原因分析较少，缺少理论层面的研究。

综上，垄断的经济学理论基础和现有的文献对本书的研究提供了来源和思路。我们从已有的文献梳理发现，对军事工业垄断问题的研究需要基于本国的特殊国情，国外相关问题的研究可以作为参考，但不具备明显的借鉴意义。国内学者对我国军事工业的垄断与竞争问题研究尚在起步阶段，大多还是对国内军事工业的政策解读以及改革方向探讨，较多停留在宏观层面，较少从经济学角度去理解和分析问题所在。在军事工业军民融合发展的历史背景下，基于我国特殊的国情，运用经济学理论对其中的垄断与竞争问题进行研究，是对已有文献研究不足的补充，同时也可以从一个新的视角发现当前我国军事工业实施改革出现困难的症结所在。

1.4　研究思路和方法

1.4.1　研究思路和方法

1. 研究思路

本书的研究思路主要按照以下逻辑开展：首先，从历史发展和制度变迁的角度对我国各个时期军事工业垄断的形成与演变进行分析，找出现阶段垄断的主要形式；其次，基于对现阶段垄断形式的分析，从产业组织的角度，研究垄断下的市场结构、行为和绩效，分析、找出垄断形成的因素；最后，根据分析得出的垄断因素，进一步从市场竞争的角度，基于经济学原理对军工企业实施垄断的行为策略进行研究，分别从生产和研发两个不同领域深入分析军工企业如何利用"不对称"的行政支持因素阻止民口企业的进入，以及如何打破垄断现状和促进民口企业进入军事工业参与竞争。

本书研究采取的技术路线如图 1-1 所示。

2. 研究方法

（1）产业组织理论与制度分析方法。本书综合运用产业组织理论和制度分

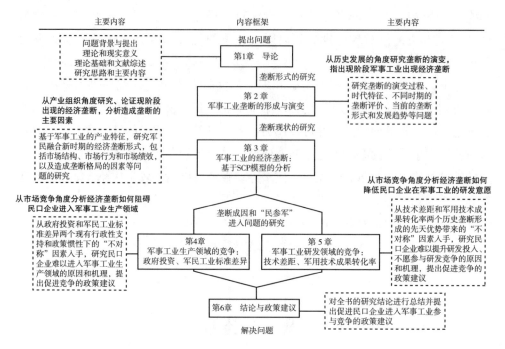

图 1-1　本书研究的技术路线

析方法对军事工业中的垄断与竞争问题进行研究。产业组织理论为研究提供理论基础，制度分析方法则为研究提供具体的手段。本书根据产业组织中的理论对垄断的形成和成因作出经济学意义上的解释和分析，按照制度分析方法中的历史分析法和结构分析法，对我国军事工业垄断形成和发展的历史过程进行分析，找出我国军事工业在不同时期出现垄断的背景问题，从制度层面揭示问题的本质，发现对垄断形成的影响。

（2）博弈论方法。本书通过建立微观经济学中的数学模型模拟军工企业与民口企业之间的市场竞争和研发竞争行为，并在其中应用博弈理论，通过逻辑推理来探讨军工企业获得垄断地位和阻止竞争的深层次问题。本书根据经典的数学模型经过扩展并加入符合军事工业特有的问题要素，找出政府投资、军民工业标准差异、技术差距和军用技术成果转化等原因造成军工企业实施垄断行为的根源所在。

（3）数值模拟研究方法。本书在建立研发竞争的数学模式时，为了更加贴近军事工业的现实情况，加入了一些符合实情的特殊因素和变量，增加了模型解析求解的困难，不利于分析问题。因此在对模型求解的过程中，本书运用数值模拟的方法，在对模型参数取值进行合理性分析的前提下，基于 Matlab 数学软件的数值运算后进行模拟分析，来观察关键的变量变化对均衡结果的影响，保证多变量模型运行的可靠性。

（4）计量分析研究方法。本书在分析垄断对市场绩效的影响时，针对"不对称"因素对市场竞争产生的影响，运用涉及军事工业的上市公司的数据，对这些因素的影响程度做出实证检验，从数理上客观揭示其对军工企业与民口企业竞争行为的影响，为后文构建模型进一步论证奠定了基础。

1.4.2　研究主要内容

全书各章节的内容安排是：

第 1 章导论。介绍本书研究问题的现实背景和重要理论与现实意义，界定研究问题的核心概念，梳理相关研究文献并做出文献评述，理清研究思路和方法，明确主要研究内容以及研究的创新点。

第 2 章军事工业垄断的形成与演变。首先按照我国军事工业发展的三个主要阶段，梳理垄断的形成与演变的历史背景；其次研究各阶段的垄断现象和特征，以及形成的原因和垄断对当时军事工业发展的影响；最后分析现阶段军事工业出现经济垄断的新形式以及未来的演化趋势。

第 3 章军事工业的经济垄断：基于 SCP 模型的分析。首先从军事工业的产业特征入手，研究产业链、产品和市场的特征和性质，在此基础上，基于结构—行为—绩效（structure-conduct-performance，SCP）模型对军事工业基础制造领域的市场结构、市场行为和市场绩效进行分析，通过与相关民用工业市场绩效的对比研究经济垄断下的军事工业生产和研发效率，并实证分析军工企业实施垄断和阻碍民口企业进入军事工业的关键"不对称"因素。

第 4 章军事工业生产领域的竞争：政府投资、军民工业标准差异。重点关注行政支持和政策惯性下形成的政府投资和军民工业标准差异两个"不对称"因素如何帮助军工企业实施垄断。通过建立博弈模型，详细分析政府投资和军民工业标准差异如何阻碍民口企业进入军事工业生产领域参与竞争，以及垄断难以破除的深层次原因，最后通过模型分析找出问题的症结所在，并根据结论提出促进民口企业参与军事工业生产领域竞争的政策建议。

第 5 章军事工业研发领域的竞争：技术差距、军用技术成果转化率。重点关注军工企业历史垄断形成的与民口企业之间的技术差距、行政垄断的政策惯性造成的军用技术成果转化率不足这两个"不对称"因素，以及它们对民口企业参与军事工业的研发竞争的影响。本章通过扩展经典的研发竞争博弈模型，对研发竞争的博弈均衡过程进行分析，并对模型进行数值模拟，研究技术差距和军用技术成果转化率对博弈均衡的影响，分析这两个因素如何造成民口企业参与研发竞争的意愿不足，并找出促进民口企业参与军事工业研发领域竞争，实现整体研发效率最大的改革方向，据此提出政策建议。

第6章结论与政策建议。本章总结主要结论，根据结论提出促进民口企业进入军事工业基础制造领域参与竞争的政策建议，以及下一步的研究展望。

1.5　研究的创新之处

本书探索运用产业组织理论，并采用经典的 SCP 模型，对我国军事工业现阶段的经济垄断进行了深入研究。关于产业特征，本书提出我国军事工业"三级倒锥形"产业链的结构特征、两级分类的产品特征和二元化性质的市场竞争特征；在市场结构分析中，本书通过对军事工业市场集中度的测度，证明军事工业的市场结构被军工企业高度垄断，并提出军事工业的产品差异性主要体现在产品质量和供货能力的稳定性上，军事工业的进出壁垒包括资质、技术经验、工艺装备、先入和规模壁垒等；在市场行为分析中，本书提出军工企业和民口企业在市场上的价格竞争行为主要体现在成本竞争上，非价格竞争行为主要体现在研发竞争上；在市场绩效分析中，本书通过资源配置效率和技术创新效率两个指标衡量了军工企业和民口企业在军事工业相关专业领域的市场绩效，根据对比分析发现民口企业在市场效率方面具有优势。本书最后通过实证研究，找出军工企业垄断市场份额和阻碍民口企业进入的关键因素是政府投资、军民工业标准差异、技术差距和军用技术成果转化率。

本书尝试将迪克西特模型扩展应用到军工企业和民口企业在军事工业生产领域竞争的策略博弈问题研究之中，从政府投资和军民工业标准差异两个行政性原因导致的"不对称"因素出发，详细分析了政府投资如何有助于军工企业实施垄断，以阻止民口企业进入市场的机理，发现了减小军民工业标准差异对存在政府投资条件下的军事工业的市场竞争具有的正负两方面影响，进而从改变政府投资方式、健全政府投资的公平机制、引导其他资本进入和在改善政府投资机制的基础上促进军民工业标准的融合等方面给出了促进民口企业参与军事工业生产领域竞争的政策建议。

本书尝试将 AJ 模型扩展应用到军工企业和民口企业在军事工业的研发竞争之中，通过建模和分析博弈均衡过程并进行数值模拟，研究了技术差距和军用成果转化率对军工企业和民口企业研发竞争的影响，发现了技术差距过大和军用成果转化不足都不同程度地影响了民口企业的研发意愿，军民企业之间保持适度的技术差距可以使研发竞争的社会研发总效率达到最高；提高军用技术成果转化率可以促进军工企业与民口企业之间的研发竞争，使民口企业获得更多的市场份额，提升社会研发的总效率；促使军工和民口企业共同研发，可以使社会研发效率的帕累托改进效果更好。本书据此提出了改变政府扶持力度、促进军用技术成果转化和完善军民协同创新机制等方面的政策建议。

第2章 军事工业垄断的形成与演变

经过几代人数十年的艰苦奋斗，我国已经建立起一个独立完整的军事工业体系，这一体系包含了核工业、航天、航空、船舶、兵器和电子六大门类，为维护国家和平和安全、独立与尊严作出了巨大贡献。在此期间，军事工业从集中统一的计划建设模式逐渐转变到开放共建的军民融合模式，逐步与社会主义市场经济接轨，这其中，政府与市场的关系经历了多次变化，军事工业的垄断形式和特征也在不断转化与演变。本章根据我国军事工业发展经历的三个主要时期，分析垄断形成的原因和特征，以及不同时期垄断出现的形式和对军事工业发展的影响，最后重点对推进军民融合发展时期出现的新的垄断形式和这种垄断的未来演变趋势进行分析，提出需要深入研究的问题。

2.1 计划经济时期军事工业的集中发展 （1949～1978 年）

2.1.1 军事工业的建立与集中发展

中华人民共和国成立后至改革开放前，我国军事工业是计划指令下的集中生产武器装备的体系。这个体系在军事工业刚刚建立的初期，通过举全国之力迅速恢复了军事工业的基础，有效地满足了基本的军事需求，也带动了一些民用工业生产能力的发展。

1. 军事工业的迅速恢复与初步建立

当时，我国的军事工业发展滞后于世界各国，整体起步较晚。近代以来，我国没有跟上世界军事工业发展的步伐，在技术和生产能力上远远落后于发达国家。在中华人民共和国成立之初，我国的军事工业面临着百废待兴的现实情况，最初的基础源自解放战争时期留下的 94 个兵工厂和 72 个军工企业，生产规模小，设施陈旧，破坏严重，科研机构也不足 40 个。政府将这些工厂和企业进行整合，最终合并为 76 个，其中兵工厂 45 个，航空修理厂 6 个，无线电器材厂 17 个，船舶修造厂 8 个。同时，建立了中国科学院，含 22 个科研机构，构成了中华人民共和国军事工业的基础（侯光明，2009）。新建立的军事工业基础薄弱，生产设备简单且技术落后，只能完成一些轻型武器的复制生产和重型装备的简要维修，并不能保障军队作战的武器装备生产和弹药及零配件的供应。这个时期，集中力量建立具有独立生产制造能力的军事工业体系是亟待解决的问题。

因此，在"一五"和"二五"规划时期，军事工业成为建设的重点和主要投资方向。苏联援建的大型骨干建设项目中，一半以上涉及军事工业，聚集了当时的先进设备和技术，迅速提高了我国军事工业的生产制造能力。这批项目建成后，带动形成了 100 多个大中型军工企业和 20 多个独立的科研设计机构，初步形成陆军重装备、单兵轻武器、弹药和通信装备等常规武器的批量生产能力，海军和空军装备的制造水平也取得较大的提高。

1954 年，在苏联的援助下，中国政府投资建造了近千个大中型工业项目，其中包含约 25% 的军事工业项目，提高了军工企业的基础生产和研发能力。之后，政府又组织进行了长达 17 年的"三线建设"，建成 1100 多个大中型工矿企业和科研单位，包含约 15% 的军工企业。到 1979 年，经过近 30 年的大规模建设，军工企业有了一定的规模，形成了包括常规武器和战略武器在内的专业齐全的研发、试验和生产体系，基本实现自给自足的武器装备供应能力，我国初步建立了独立自主的军事工业。

2. 军事工业的集中管理模式

计划经济时期的军事工业实行党政军一体化的高度集中管理模式，体系的设计和建立基本效仿苏联，中央成立专门的部委实行计划生产和管理，由统一的组织领导机构进行宏观调控（于连坤，2002）。这个时期军事工业的主要运行和管理机构的发展逻辑关系如图 2 - 1 所示。

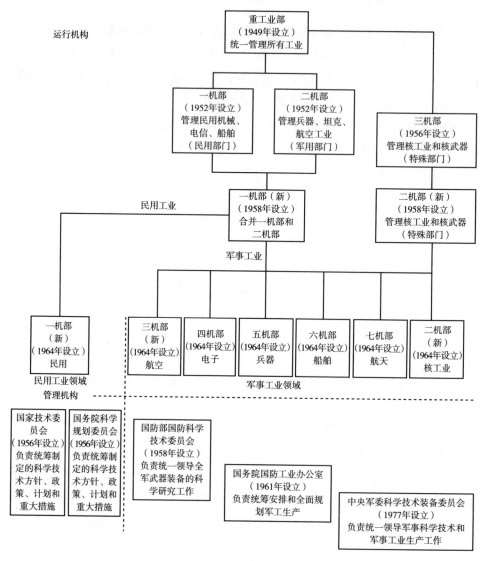

图 2 - 1　封闭发展时期中国军事工业的机构设置与变化

从运行和管理机构的设置和变化过程中可以看出，国家对军事工业和民用工业的重心不一样，将工业力量很大部分用以满足军事需求，并且直接参与军事工业的所有科研和生产中，企业并没有市场概念，只是完成政府指令的劳动组织机构。

3. 军事工业集中发展的必要性

计划经济时期的军事工业集中发展具有特殊性和必要性，是在当时特定的历史条件下形成的，这些特定的历史条件主要表现为（吕政，2001）：

（1）第二次世界大战后，国际上形成了美苏为首的两大阵营，在世界政治局势不稳、大搞军备竞赛的环境下，东西方长期处于冷战状态，军备竞赛不断升级，全世界都笼罩在战争危险的阴影下。

（2）我国的军事工业在较长的一个时期内，受到了来自外部的经济封锁和军事威胁，不得不实行以战备为中心的建设方针，以高度集中的计划建设手段，举全国之力，在较短的时间内，建设完成自己独立完整的军事工业体系。

（3）我国军事工业本身尚在建设的初期，按照军事工业发展的一般路径来看，还属于低调学习和夯实基础的时期。另外，我国自身经济建设的市场条件也不成熟，并没有全链条的生产和销售环节，没有军事工业市场化发展的基础。

2.1.2　集中发展对军事工业垄断形成的影响

集中发展的军事工业按照计划经济的模式进行投入和生产，没有市场的概念。企业的研发、生产和经营的成果与企业的收益没有关系，只是单纯的生产单位，没有完整的企业职能。企业之间也没有资源的自由流通和优化配置，政府通过行政命令和计划下达进行资产划拨和企业关停并转，形成科研院所和生产工厂两类分工明确的军工企业，这些军工企业按照国家的意志，在各自分工的领域内实行计划下的独家生产，没有任何来自外部的竞争。

1. 军事工业优先于其他工业发展

在国家工业体系中，计划安排下生产的军事工业部门，由于任务优先，得到了其他工业部门的配套支撑，发展尤为迅速，成为工业部门中的佼佼者。1949～1978年，我国军事工业产值增长109倍，平均每年增长16.9%，而同期的其他非军事工业增长19.8倍，平均每年增长11%，发展远远落后于军事工业。

军事工业特殊的生产组织方式形成的企业，完全接受政府的直接指挥和控制。中央政府和各级地方政府对军事工业运行实行全方位、大跨度、全面性宏观调度，调度范围覆盖了所有军工企业，不仅调度军事工业直接相关的企业，也调度与军事工业间接相关的其他基础工业企业。计划调度虽然针对军事工业生产的全过程、全要素进行，但实际上已经遍布了整个国家工业生产系统的运行（见表2-1）。

表2-1   计划经济时期军事工业调度的行业

序号	军事工业系统直接相关的行业	序号	军事工业间接相关的基础行业
1	航天	1	煤炭
2	船舶	2	石油
3	电子	3	电力
4	航空	4	钢铁
5	兵器	5	有色金属
6	核工业	6	化工
		7	机械制造
		8	轻工
		9	医药

资料来源：根据国家统计局国民经济行业分类（2017年）整理而成。

2. 军事工业形成封闭不开放的独立运行体系

在军事工业内部，组织结构基本是"大而全""小而全"的自给自足的生产组织形式，既有上游的能源原材料生产能力，也有下游的加工能力。这个时期，我国军工企业中约有80%是全能厂，不需要依赖其他工业企业的产品，独立完成全产业链的所有生产环节。这类的军工企业生产能力专一，只能服务于军事工业，军事需求缩减时，大量生产资源就会闲置，无法转移生产其他物资，工业能力无法转型。同时，军事工业体系内部进一步划分生产领域，各生产环节相互独立，生产资源在地域之间不流通，没有专业化协作。

计划经济时期集中发展军事工业，成功地重建了中国的军事工业，取得了较多的成果，为我国在国际上立足奠定了基础，同时也带动了一定的区域经济发展，推动了技术进步，是当时特定的历史环境下的选择。但集中发展重点关注的是武器装备发展速度，不追求经济效益，投资大、效益差、缺乏活力，也没有专业化协作，更谈不上军民互动，使军事工业在长期计划经济思维的惯性下，形成自我封闭的产业链，长期内部循环，加上没有市场竞争的外部大环境，封闭自大的心态越发严重，逐渐形成了垄断生产的初步意识，同时国家的不断资金投入与其他工业部门的配套服务，逐步排斥其他工业部门参与军事工业，推动了军事工业封闭垄断格局的形成。

2.1.3　集中发展的军事工业的利弊

中华人民共和国成立到改革开放前的近 30 年时间，军事工业完成了从无到有，再到基本的独立自主，是举全国之力集中发展的结果，在当时的物资匮乏、技术落后的短缺经济条件下具有合理性，是多重约束下的选择。优先发展的军事工业，以大规模集中建设为主，以完成任务为目标，使用了大量国家资源，虽经济效益不佳，但取得了较大成果，也带动了冶金、机械、化工和电子等基础工业的发展。

1. 国防建设支出庞大

计划经济时期的军事工业集中了大量的人力、物力和财力，建设起相对完整的军事工业体系。从国防经费支出的比例可以看出，1952～2016 年，我国国防经费的支出虽然波动较大，但一直在高位运行，除去经济极端困难的 1959～1961 年的数据波动，国防经费的年均支出占 GDP 和全国公共财政支出的比例都很高，如图 2-2 所示。

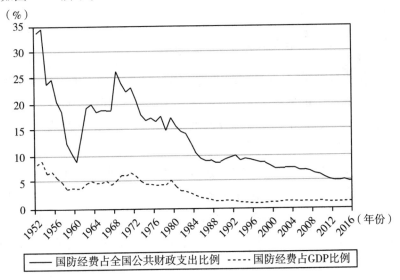

图 2-2　中国国防经费开支的历史走势

资料来源：国家统计数据，http://data.stats.gov.cn/。

以 1979 年为分界线，1979 年之前的国防经费占 GDP 和全国公共财政支出的比例明显高于后面的时期。1950～1957 年的 8 年里，国防经费的开支占全国公共财政支出的比例年均近 30%，其中，1953 年国防经费开支占全国公共财政支出的 34.39%，比例最低的 1957 年也高达 18.62%。1950～1957 年，国防经费开支占 GDP 的比例年均达到了 5.29%，处于历史最高水平。这说明，这段时期国家处于战备状态，重视发展国防和军事力量，使用了大量的国家财力集中建设军事工业。这个时期的军事建设成果提高了我国的国际地位，改变了世界的战略格局，同时，资源消耗较大。

2. 军工项目的优先建设

这段时期的战略方针是通过优先发展尖端武器装备，以军事工业的现代化来带动国民经济的发展，因此前几个五年规划和大规模的"三线建设"中，军事工业的建设项目较多，超过了一般国民经济项目的数量，几乎占据了国家财政的绝大部分支出（周明长，2014）。特别是"一五"建设时期，90%的全国财政支出用于军事工业的基本建设，156 个苏联援建的骨干工业项目中，航空、兵器、无线电、造船等军事项目有 44 项，占全部项目数量的 28.6%，军工投资占全部投资额的 20%。参与军事工业生产的职工 70 多万人，其中技术人员 3.3 万人，是发展初期的 7 倍。

3. 奠定了军事工业的发展基础

从军事工业自身建设来看，这一时期取得了一些进展，生产和研发能力方面实现了"从零到一"的突破，主要体现在四个方面（吕政，2001）。

（1）从 20 世纪 60 年代初期开始，我国的武器装备由仿制为主逐步转向自行研制为主。

（2）"一五"和"二五"时期，新建的大型骨干军工企业陆续投产并形成了大批量生产的能力，特别是在重型武器制造方面，取得较快发展，如中型、重型坦克，水陆两栖坦克，装甲车，大口径火炮、自行火炮等能够成批量地装备军队。与此同时，武器装备中应用电子、半导体、激光等 20 世纪 60 年代以后的新技术也取得了较大进展。

（3）奠定了航空工业、造船工业的基础。20 世纪 60 年代中期，我们的飞机制造厂开始批量生产超音速歼击机、轰炸机、运输机和武装直升机，船舶工业能够向海军提供护卫舰、高速炮艇、潜艇和导弹驱逐舰等。20 世纪六七十年代，我国空对空、地对空导弹亦从研制转向了批量生产。

（4）战略武器的研制取得重大突破，原子弹、战略导弹和人造卫星先后发射成功。1964 年 10 月第一颗原子弹装置爆炸试验成功；1965 年 5 月核航弹首次空投试验成功，标志我国已掌握可供实战的核武器技术；1966 年 9 月第一枚地地战略导弹完成了定型试验；1966 年 10 月又成功地进行了导弹核武器试验；1967 年 6 月氢弹爆炸试验取得成功；1970 年 4 月，成功发射第一颗人造卫星；1971 年 9 月我国自行设计和建造的核潜艇安全下水并试航成功；1969 年、1975 年、1976 年先后三次成功地进行了地下核实验。我国核武器、导弹和卫星的研制成功，打破了少数军事大国对核武器和空间武器的垄断地位，增强了我国的军事威慑能力和综合国力。

4. 带动其他工业部门发展

集中力量发展军事工业，使军事工业成为重工业的发展核心，被视为我国工业体系中的领头部门，带动了冶金、机械、化工、电子等其他工业部门的发展（申晓勇，2016）。

（1）武器装备对冶金能力的要求，促进了我国钢材的生产能力提高，能够生产大型钢材、薄板和合金钢以及钢轨和无缝钢管等产品。同时，也大幅提升了有色金属工业的生产能力，建立了自主的有色金属工业制造体系。

（2）武器装备对制造能力的要求，加快了我国机械制造水平的提升。机械加工是工业能力的基础，为满足武器装备的生产需要，我国专项推动并耗巨资发展大型工业制造设备，这些设备在建设的过程中也推动了工业相关的其他部门，特别是加工机床和民用造船的发展。

（3）武器装备对火炸药和火工品的需求，推动了我国化学工业的进步，这个时期建立的化工厂形成了包括硫酸、纯碱、烧碱、合成氨等方面的大批量生产能力。

（4）武器装备对精密电子的需求，带动了电子元器件研发和生产能力的发展。国家为了实现雷达、飞行控制与导航等设备的自主生产和研发，建设了大量工厂和科研机构，使我国电子工业的设计和工艺制造水平有了大幅提升。

2.2 改革探索时期军事工业的
行政垄断（1979～1997年）

2.2.1 军事工业的改革探索

20世纪80年代开始至20世纪末，国际形势逐步走向缓和，虽然局部战争的危险依然存在，但出现世界大战的可能性已然大幅降低，大国之间综合国力的竞争对军事工业的发展提出了新的要求，我国军事工业的集中建设模式也发生了重要的转变。

1. 国家战略转变和军事需求变化

（1）这一时期，国家战略的重心转移到经济建设上，财政开始减少国防经费支出，将更多的财力投入民用经济建设中。从图2-3中可以看出，国防经费增长速度总体呈现明显的阶梯变化的趋势。1979年国防经费增长速度出现明显拐点，特别是1980和1981两年国防经费的支出不升反降，均较1979年下降13%，出现明显的分水岭，之后的国防经费也一直保持较低的增长水平。

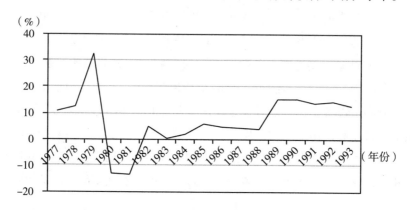

图2-3 国防经费的同比增长速度

资料来源：国家统计数据，http://data.stats.gov.cn/。

（2）军队规模也出现大幅缩减，先后经历了五次大裁军，从1985年的423万人裁减到2015年的200万人，如图2-4所示，裁减比例高达112%。大量军队人员转入地方工作，人力资源由军队向社会流动。

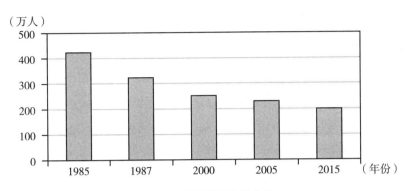

图 2－4　中国裁军人数变化

资料来源：根据《中国国防白皮书（2015）》整理。

（3）国际环境日趋和平，国内军事需求减少，军品订货急剧下降，企业资源闲置，军工企业不得不将大量的军事设施和军用设备转为民用，开始转向民品生产，补充国民经济的产能供给。

2. 军事工业的"军转民"发展

国防经费的急剧下降，军品任务锐减，使军工企业不得不改变军民品生产结构，通过发展民品来盘活闲置资源，开始由过去的单一军品生产转为多元化生产。但军工企业从事的民品生产大多与自身的军工技术关系不大，民品开发困难巨大，在具有竞争环境的民品市场中并不占优势，企业亏损严重。

尽管如此，转产民品的军工企业开始接受来自民品市场竞争的挑战，民品开发、生产、经营的成果与企业的收益开始挂钩，一些军工企业将民品生产部门进行市场化改革，以适应市场竞争。在民品市场的带动下，竞争意识开始在军工企业中出现，虽然并没有改变军事工业的计划生产现状，但为军事工业的市场化改革找到了方向。

军事工业的"军转民"发展难以适应市场竞争环境，其主要原因是军民产业的二元结构，相互之间自成体系，自我封闭。军工企业虽然开始生产民品，但与外部企业不协调不配套，并没有与社会力量形成合力，孤掌难鸣，加上计划性军品生产指令的束缚，更难在市场经济中生存。除此之外，长期集中建设的军工企业历史负担巨大，管理体制落后，企业生产积极性难以调动，也是它们不能适应市场竞争的原因之一。

"军转民"发展使军工企业接触到了市场环境，使军事工业的生产出现了一个本质变化：军品生产由单一的封闭发展向多环节产业链条配套协作的市场化发展转变，开始逐渐向市场经济领域探索发展，因此，军工企业也获得更多的市场主体地位。

3. 军事工业的市场化体制改革

"军转民"发展为军事工业的市场化体制改革积累了经验，在我国市场经济体制建设的大背景下，军事工业也开始了改革。计划经济时期军事工业的集中发展忽视了军事工业同国民经济的内在联系，自成体系，制约了国民经济发展，成为国家财政的沉重包袱。因此，军事工业体制改革的重点是将计划生产转换为市场机制，最初实施的主要形式是将任务式的生产关系改成军队与企业之间的订货关系，实行合同制。20世纪80年代后期，军事工业体制改革出现了实质性的进展，军队与企业之间建立了市场关系，全面改为订货关系。体制改革突破了当时思维的禁锢，成为军事工业改革探索的起点，目标是充分将设备、技术、人才综合利用起来，降低军事工业发展的成本，提高经济效益。

为了改革军事工业计划经济的体制，国家机构围绕军事工业与国家工业体系的关系、军工企业与政府和军队的关系，以及军工企业自身的市场主体变化，经历了多次体制调整。调整后的军事工业的主要运行和管理机构的发展逻辑关系如图2-5所示。

市场化体制改革后，这些运行机构由政府部门转变为市场主体，成为国务院直接领导的行政性公司，虽然继续承担行业管理的职能，但已经拥有了一定的经济实体功能，可以以公司的名义在市场上签订经济合同，这标志着军事工业开始由计划经济向市场经济、政府行政主体向市场经济主体的战略转变，市场体系框架初步建立。

改革理顺了军事工业的宏观管理体制，形成了市场供需关系，是军事工业建立市场经济体制领域的重大思想理念突破。但改革的不彻底，也为军事工业的垄断形成创造了条件。从20世纪后十多年来的探索和实践看，军工企业利用了市场规则的制定权、与政府和军方不可分割的历史关系，使军事工业游离在市场之外，在外界看来相对不可僭越的行政保护环境中封闭运行着。

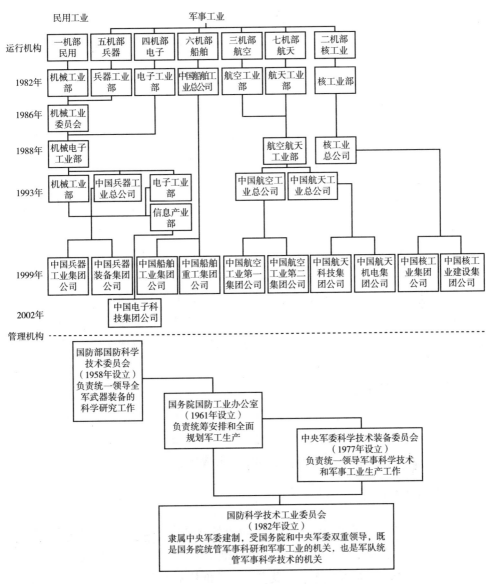

图 2-5　军事工业市场主体和管理机构的改革变化

2.2.2　军事工业行政垄断的形成与原因

行政垄断是我国在由计划经济体制向市场经济体制转轨的过程当中出现的一种普遍现象，追溯我国各大行业行政垄断的源头，大多都是在其市场化改革过程中形成的，军事工业的行政垄断也不例外。我国军事工业行政垄断来源于其计划经济时期的高度集中统一管理模式，并在市场化体制改革中逐步形成。

1. 行政垄断的形成

军事工业的市场化体制改革方案并未实现最理想的目标，这是各大利益群体斗争与妥协的结果。政府一方面履行市场监管和行业管理的宏观职能，另一方面又指挥企业微观层面的生产运行，行政力量远大于市场力量；军工集团公司作为市场主体，一方面制定市场规则，另一方面接受国家投资和军方订货，没有成本和销售风险。实质上，军工企业依然各自划分领域独立运行，市场竞争只在名义上存在。

军事工业的市场化体制改革是国家主导下进行的政策"跳跃式"变化，是强制性的制度变迁，市场主体的发展并不成熟。在改革过程中，市场主体由政府行业管理部门转变而来，其公权力依然存在，导致市场主体的角色多元化，为强化其利益，必然制定市场准入规则，限制竞争对手进入，确保自身的市场地位和垄断利润，逐步形成行政垄断。这个时期形成了大量的行政性文件，对涉及军事工业的事项进行单独制定，或者列为管制领域。例如，这个时期出台的《中华人民共和国军事设施保护法》和《中华人民共和国国防法》等专门的法律，对军事工业的市场进行限制，明确规定了民口企业不能从事武器装备的研发和生产，甚至在《中华人民共和国刑法》还专门规定了提供不合格武器装备、军事设施罪，对企业参与军事工业的研发和生产形成较多约束。

2. 行政垄断的方式

政企合一的军工集团公司是军事工业市场化体制改革后的唯一合法市场主体，不仅行使着企业的研发和组织生产的职能，还从市场准入、原材料控制、资源协调、税收政策、标准发布、公共安全、关键技术保密和外贸控制等方面制定规则，对军事工业实行行政垄断。

市场准入是通过对一般企业的审查，允许符合条件的企业拿到武器装备科研生产许可，进入军事工业领域参与生产活动。原材料控制是对流通进入武器装备生产环节的关键材料实行管控，特别是一些有毒有害的化学物和火炸药等危害公共安全的危险品，企业必须有武器装备生产项目的订单和研发试验的批准等才能从市场上购买原材料。资源协调是指对有限资源的分配，适时进行军品科研生产能力结构调整，调整后的企业订单、土地和劳动力成本都有变化，影响企业的生存发展。税收政策是调控市场的一般手段，军工企业拥有军品生产免税政策，直接规避了这种市场化调控的影响。标准发布是对市场发布适合军事工业的有关生产和研发的标准，通过强制性和推荐性的规定，对参与军事工业的企业生产和研发能力提出要求。公共安全是对武器装备生产、运输和试验等环节设定的要求（包括降低对自然环境的影响），这些要求背后都有一系列的法律法规文件支撑。军用关键技术保密是企业进入军事工业的重要门槛，企业只有在保密资质审查合格的情况下，才被允许生产和研发武器装备。外贸控制主要针对军品的销售数量和出口国家，国家根据安全形势和外交局势，审查和批准军品的外贸订单。

这些规则不仅排斥民口企业参与军事工业的科研生产，甚至在军工企业之间，也各自划好阵地，不能相互翻越。军工企业依然是以集团形式完成"大而全""小而全"的全产业链生产，少有跨行业的交流与合作。各大军工集团严格按照政府管理部门和军方的《军工科研生产能力调整方案》进行任务式的工作，有界限清晰的规则和任务分工，充分体现了行政垄断的制度性障碍。

3. 行政垄断的原因

军事工业市场化体制改革期间行政垄断的形成，其原因是多方面的，其中，政府行业管理部门直接转变成为市场主体，是造成行政垄断的主要根源。具体而言，行政垄断行为的产生有三个方面原因。

（1）政企不分离。由于计划经济时期政企合一，政府直接指挥和管理企业已经形成了习惯，因而在军事工业实行市场化体制改革的过程中，虽然名义上已将政府与军工企业分开，但在职能上并未实质改变。虽然政府进行了职能转变，但职权的重新划分与正常运行存在滞后性，形成权力集中和空缺的真空期，为行政权力的滥用创造了机会。特别是军事工业相关管理部门重新整合的过程中，出现了市场管理无序和市场界线不清晰的现象。因此，这一时期改革没有形成真正意义上的市场，政企分离的改革不彻底造成了军事工业客观上通过行政划定领域垄断经营。

（2）所有权与经营权不分离。从建设历史可以看出，政府出资建设了全部军工企业。在市场化改革的过程中，这些军工企业不断重组，整合为大型军工集团公司，资本归属中央政府或地方政府管理。因此政府机构在军工企业的经济活动中，常常以资产所有者、经营者、行政管理者的多重身份参与市场交易活动，加上军事工业一直以来被排除在竞争行业之外，为行政垄断提供了体制上的成熟条件。同时军事工业相关法律和政府与军队之间协同机制不健全，缺乏对军工企业实施行政权力的有效监管，使军工企业从自身利益出发实施行政垄断。

（3）企业不自主。这个时期正是我国国民经济进行市场化改革的时期，虽然市场经济改革使单一的"指令性计划"变成了"计划与市场双轨并行"的经济运行格局，但对军事工业的改革相对较慢。军事工业作为涉及国家安全的领域，改革后的市场主体全部以国有企业的形式存在，且政府行政机构和军队对军工企业的干预权超过了一般国有企业，军工企业几乎没有自主决策权，使其市场行为与市场目标不契合，难以实现自主生产经营和自负盈亏。军工企业为了保证生存，必然需要政府维护其垄断地位和垄断利润，阻止其他企业进入该行业。

2.2.3 行政垄断的军事工业的利弊

行政垄断下的军事工业虽然形成了市场供需关系，但军工企业仍在指令性计划下签订合同，利用法规条款和行政命令排斥其他企业进入。军事工业在行政垄断下的绩效可以从两个方面来评价：一方面，平衡了稳定与发展的关系，由于军工企业的生产经营没有市场竞争压力，一定程度上提高了市场改革时期的生存能力，避免了市场化改革对军事工业集中建设成果的过度冲击；另一方面，降低了改革预期成效，军工企业的生产效率依然不高，以完成任务为目的，不太计较成本，对国防经费的依赖仍然较大。

1. 维系了军工企业的生存

在国防经费大幅缩减的背景下，军事工业的订单急剧下降，军工企业由原先的饱和运转变为部分停产，为了维持企业的生存，军工企业开始圈护为数不多的军事需求。在这种情况下，政企不分的军工企业制定了行政规章制度，保护了自身正在流失的利益来源，也保护了"求不应供"的虚弱市场，使一些国家投入较大的企业得以艰难地生存下来。这些企业虽然自身竞争能力不足，产值下降与利润下降并存，但聚集了国家在集中建设时期的心血，从宏观层面上看，是减少了国家的资产损失。

2. 缓解了国家战略转变对军事工业的冲击

世界和平的背景下国家战略的调整，迅速降低了对军事工业的支持力度，在短短几年内缩减了大量的物力财力投入，但人力资源并不能一时调整均衡，导致产能不匹配和人力过度饱和。这些调整对军事工业的整体冲击力度较大，军工企业大量出现亏损，甚至出现群体事件。行政垄断在一定程度上保护了资源配置不协调的现实情况，缓解了宏观调控过快过急造成的后果，使军事工业没有出现类似俄罗斯军事工业改革时期的"雪崩式"坍塌，虽然运行效率低下，但保证了国防建设的基本需求。

3. 军民资源不能合理流动

军事需求持续缩减，集中发展时期国家投入军工企业的大批设施设备开始闲置。同时，由于世界军事需求的变化，一些急需和关键的武器装备生产和研发能力又面临不足，继续增加产能需要更多的国家投入。行政垄断在客观上分割了军民工业的发展轨道，使资源不能得到合理流动和配置，一些军用设施虽然闲置，但不能对物质匮乏的国民经济发展起到补充作用；一些高效的生产组织方式不能进入武器装备生产和研发领域，不仅造成军事工业生产效率低下，而且国民经济的发展没有良好地利用现存基础。

4. 军事科技进步缓慢，军工生产能力下滑

20世纪90年代开始，世界整体科学技术出现飞速进步，军事工业的发展越来越依靠现代高科技成果的运用，实现军事能力提升，主要不是靠武器装备数量的增加，而是靠科学技术的进步。依靠传统技术建立起来的军事工业生产能力，在许多方面已不适应国际军事战争的要求。

发展军事工业高科技，需较大的资金投入，行政垄断阻隔了民间资本进入军事工业，在国家财政能力有限的情况下，没有其他的资金投入，军事工业的科技进步相对滞后。行政垄断客观上为军事工业制定了较多的进入壁垒，对市场化改革后的军事工业进行了二次封闭，阻碍了运用市场手段打破军事工业自我循环生产体系目标的实现，但在关键时期也维系了军工企业的生存，缓解了发展过程中宏观调控对军事工业的冲击。总体而言，行政垄断下的军事工业发展比较缓慢，武器装备的产量持续下降，新的武器项目研制也没有较多进展。对比集中发展时

期，行政垄断下的军事工业的发展随着国防经费的下降而进步缓慢。

2.3 推进军民融合时期军事工业的经济垄断（1998 年以来）

2.3.1 军事工业的开放与融合发展

近 20 多年来，随着军民融合理念的不断深入，世界军事工业在发生着深刻的变化。美国军民一体化发展取得了良好效果，越来越多的军工企业与民口企业兼并重组，产生了波音、洛克希德－马丁、通用技术等军事工业的跨国巨头，大大提高了美国的综合科技实力，全方位带动了经济发展。英国制定军民一体化政策，推动军事工业改革，积极接受新的武器装备生产和供应手段，并于 1999 年成立了军事技术转化局，专门研究和协调民用技术为军事工业服务。法国在公开的国防"白皮书"和系列规划中，均提出：不断加强军事活动和民用活动的结合与合作，通过优先发展军民两用技术来加强研究和技术开发。日本采用寓军于民的军事工业生产模式，既降低了军品生产的机会成本，又提高了战时军工生产的转产能力，取得了明显的经济效益和军事效益。以色列把军事工业作为本国工业与经济发展的先导，利用军用技术成果带动通信、软件、生物和农业等大量产业发展，同时鼓励其他企业开发生产军品，推动了军事工业的发展。这些现象表明，军事工业融入国家工业体系，互动发展，是 21 世纪发达国家军事工业发展的大势所趋。

随着 1998 年军事工业的军政一体化管理部门——国防科工委进行重大改革，以及军事工业开始试点取消行政壁垒，我国军事工业的发展也开始迈向"军民融合"阶段。2005 年党的十六届五中全会，正式提出军民融合发展的理念，2017 年党中央明确把军民融合战略上升为富国强军的国家战略，推动国防建设和经济建设良性互动。为此，国家在政策制度体系、工作运行体系和组织管理体系进行了大刀阔斧的改革。例如，在组织管理体系上，撤销国防科学技术委员会和信息产业部，新组建成立了工业与信息化部，同时成立国防科技工业局。新成立的国防科技工业局，职责从行业管理中剥离出来，仅保留武器装备科研生产中的重大事项协调和军工核心能力建设等职能，有利于更多市场主体参与军事工业的科研和生产中来。同年，为了提高整体实力，适应在国际市场的竞争，中国航空工业第一集团公司和第二集团公司进行资源整合，合并为中国航空工业集团公司，开启了军工资产整合的试点工作。2016 年，军队撤销了总装备部，成立中央军委装备发展部，履行全军装备发展规划计划、研发试验鉴定、采购管理、信息系统建设等职能，进一步减少市场干预，促进军事工业市场化发展。同年，为缩小中国航空发动机技术与国外存在的较大差距，中国航空工业集团公司再次进行专业化分解，拆分出中国航空发动机集团公司，专注于航空发动机及燃气轮机的自主研发和制造生产。

军事工业军民融合式的发展还在不断改革过程中，从整体改革方向上看，目标是将军事工业放入国家整体工业全局统一规划和发展，改变军事工业封闭现状，向国际发展大趋势靠拢。在这样的大背景下，依靠计划经济的大规模集中投入和依靠行政手段进行行业保护的现实基础已不复存在，国家主导下的开放竞争型的市场化发展才是未来之路。改革开放 40 年以来，我国经济总量跃居世界第二，综合国力显著增强，特别是民口企业在许多领域已超前军工企业且发展迅速，为军民融合的深入发展奠定了雄厚的物质基础，创造了丰富的技术条件。

2.3.2　军事工业行政壁垒的破除

改革探索时期国家对军事工业进行了市场化的初步改革，将政府与企业分离，但军工企业都是政府部门转隶而来，许多封闭市场规则被延续下来，因此所谓的"市场"在实质上仍然没有开放，具有相当多的行政壁垒。

1. 军事工业的行政壁垒

为保护军工企业，政府和军方共同为军事工业设置了较高的门槛。企业要进入军事工业，首先必须是国有国营企业，其次还需要同时获得政府的武器装备科研生产许可，通过质量管理体系认证、保密资格认证，最后还必须要进入军事部门制定的武器装备承研承制单位名录。

这些进入"门槛"背后都有政策法规（见表 2 - 2）的支持，但一些政策法规出自政府与军方的不同部门，相互之间存在牵制条件，进一步加剧了行政壁垒。例如，保密资格认证需要从事武器装备科研生产数年以上，而取得武器装备科研生产许可则需要以保密认证为前提，类似这种"鸡生蛋，蛋生鸡"的矛盾，实则形成了不可逾越的行政壁垒，阻碍着民口企业进入军事工业。

表2-2 部分进入军事工业的基本法规

法规执行部门	法规依据	进入"门槛"
政府部门	《中华人民共和国行政许可法》《国务院对确需保留的行政审批项目设定行政许可的决定》	武器装备科研生产许可证
政府部门	《中华人民共和国保守国家秘密法》《武器装备科研生产单位保密资格审查认证管理办法》	保密资格认证
政府与军事部门联合	《中华人民共和国产品质量法》《武器装备质量管理条例》	质量管理体系认证
军事部门	《中华人民共和国政府采购法》《装备采购条例》《武器装备质量管理条例》	武器装备承研承制单位名录

2. 市场降低准入"门槛"与行政壁垒的破除

为了开放军事工业，适应军民融合发展的战略方针，从1999年开始，我国政府及军事部门开始对涉及行政壁垒的规章制度进行清理和废除。1999年政府开始试行实施武器装备科研生产许可证管理的有关措施，打破了进入军事工业的企业必须是国有国营的规定，允许民营企业参与配套产品，标志着传统的军事工业封闭市场出现了开放的迹象。2015年这些相关措施形成了正式的国家法规，规定军事工业实行分类管理的武器装备科研生产许可制度，除了对国家战略安全有影响的大型武器装备的科研生产进行管控外，允许民口企业进入更多的武器装备科研生产领域。之后，分类许可的目录继续不断修订，缩小对国家战略安全有影响的武器装备列入许可管理范围，大量取消武器装备一般分系统、配套产品，以及武器装备专用原材料和机电设备的许可。在这样的情况下，对许可目录已放开的专业，国家不再设置准入要求，不论军工企业还是民口企业均可参与武器装备的科研和生产，市场竞争的制度环境逐渐形成。

2017年国家发布的《关于推动国防工业军民深度融合发展的意见》，是进一步扩大军事工业开放的纲领性政策文件，对引导和促进武器装备科研生产的竞争，积极鼓励民口企业参与竞争提出了更多的开放要求。

至今，绝大部分军事工业的市场准入壁垒已经打破，除核心能力的武器装备外，其他重要和一般的武器装备都充分发挥市场在资源配置中的作用，激发各类市场主体活力，推动公平竞争，实现优胜劣汰，这意味着民口企业参与武器装备科研生产的行政性壁垒基本消除。军事工业准入开放的部分重要政策如表 2 - 3 所示。

表 2 - 3　　　　　　　　　军事工业准入开放的部分重要政策

序号	时间	颁布单位	政策
1	2005 年 5 月	国防科工委	《武器装备科研生产许可实施办法》
2	2005 年 12 月	中央军委	《关于深化装备采购制度改革若干问题的意见》
3	2006 年 8 月	总装备部	《陆军武器装备型号科研竞争办法》
4	2006 年 12 月	国防科工委	《武器装备科研生产协作配套管理办法》
5	2007 年 2 月	国防科工委	《关于非公有制经济参与国防科技工业建设的指导意见》
6	2008 年 3 月	国务院、中央军委	《武器装备科研生产许可管理条例》
7	2009 年 2 月	总装备部	《关于加强竞争性装备采购工作的意见》
8	2010 年 10 月	国务院、中央军委	《关于建立和完善军民结合、寓军于民武器装备科研生产体系的若干意见》
9	2013 年 11 月	中共中央	《中共中央关于全面深化改革若干重大问题的决定》
10	2016 年 3 月	中共中央政治局	《关于经济建设和国防建设融合发展的意见》
11	2017 年 11 月	国务院	《关于推动国防科技工业军民融合深度发展的意见》

2018 年国家发布了新的《武器装备科研生产许可目录》，从目录上可以看出，武器装备科研生产许可的范围已经缩减至最初的 5%，民口企业可参与军事工业 95% 以上的产品的生产和研发。这说明民口企业参与到军事工业的制度环境得到了极大改善。

2.3.3 经济垄断的出现和演化趋势

1. 开放竞争的市场出现经济垄断

军事工业行政壁垒破除后，市场中并没有形成军民企业良性竞争的局面。军工企业凭借着历史时期的行政垄断获得的资本扩张和技术积累，拥有了市场势力的基础，继续保持强有力的经济垄断。从 2018 年的统计数据上看，军工企业依然占据了超过 80% 的市场份额（见图 2－6）。民口企业参与航天产业的产出虽然实现了高速增长，但其规模仍仅占航天两个集团旗下成员单位产出的 2%，参与航空产业的产出占航空工业和航空发动机集团旗下成员单位的产出也仅为 5%，无论是规模还是增速都较小。

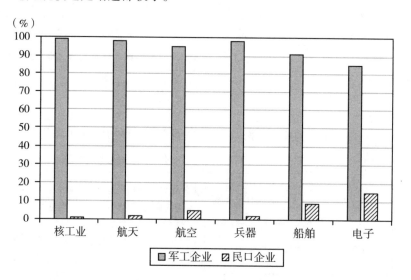

图 2－6　2018 年军事工业开放领域军民企业的产值比例

资料来源：根据相关行业上市公司企业数据整理。

从数据中可以看出，军工企业事实上拥有巨大的市场势力，甚至在某些领域近乎完全垄断。虽然军事工业的基础领域破除了行政壁垒，但这些企业仍可以运用行政垄断留下的强大市场势力来独占市场，利用经济实力来维持原有的垄断局面，实施经济垄断。

经济垄断在市场经济中较为常见，主要是指经营者在市场竞争中凭借市场势力实施的垄断行为。国内学者对我国垄断行业的研究大多关注在行政垄断的范畴内，较少涉及经济垄断的概念，这与我国市场经济制度不完善有很大的关系。随着社会主义市场经济的不断发展，我国经济垄断的负面影响已经开始在国民经济生活中出现，其主要表现形式与西方国家如出一辙，涉及的行业也日趋广泛，主要包括滥用市场优势地位、垄断协议和并购扩张等，实施主体是具有相当经济优势的市场主体，表现为排除和限制竞争，目的是获得垄断利润。

随着军事工业的不断开放和军民融合发展的不断深入，军事工业领域也开始出现了经济垄断。但这种经济垄断不同于一般市场主体或私人的非行政垄断，它是具有国家政策和行政性"支持"下的经济垄断。从我国的实际情况看，军工企业在市场竞争中占主导地位，其分割或支配市场、滥用经济实力、采取不公正交易方法等"经济性"垄断行为，都不是西方国家所谓的经济垄断，多有"行政"在背后支持。因此，军事工业的经济垄断不同于一般的经济垄断，但依然呈现出经济垄断的几个特征，并不断向经济垄断靠拢。

2. 推进军民融合时期的垄断特征和发展趋势

推进军民融合时期，我国军事工业的垄断具有行政垄断向经济垄断演化的趋势和特征主要表现为以下几方面。

（1）行政垄断开始减弱，经济垄断逐渐增强。随着军事工业市场化体制改革的推进和向民口企业开放的范围不断扩大，特别是国家在推进形成军民融合的协同生产和研发能力的过程中，政府通过计划生产式的制度性安排的动机会逐步弱化，而市场调节式的灵活机动生产能力的培养力度会越来越大。通过政府干预和政策保护形成的特权式垄断将会受到越来越多的约束，行政垄断范围面临缩小的长期趋势。但行政垄断范围的缩小并不意味着军事工业的垄断消减，因为在市场化条件下的一些因素会导致经济垄断，当经济垄断可以为垄断者带来更多利益和减小市场竞争压力时，军工企业会努力寻求通过经济手段建立和扩展垄断，继续垄断市场，因此在行政垄断减弱的同时，经济垄断会进一步增强。这意味着军事工业市场化改革后即将面临的一个新的要解决问题是如何解决军事工业中的经济垄断问题。

（2）行政影响的长期性和隐蔽性。政府行为和现有制度依然对垄断的形成产生影响，但会进一步隐藏在市场自发产生的垄断中。尽管市场化改革的一个关键是减少政府对经济的干预，市场会进一步开放，但是由于政府理念转变的滞后和政府与军工企业利益的难分割性，特别是在改革过程中会出现的渐进和反复，政府对军事工业改革后形成的市场进行干预的现状在短时期内难以发生根本性的变化，会通过其他形式藏匿于市场形成的经济垄断中。因此，军工企业利用政府干预行为来扩张自身权利将形成市场条件下的经济垄断。随着军事工业市场竞争的出现，由初始规模、信息优势、技术优势、标准差异、投资渠道、技术溢出等因素造成的经济垄断会不断增加。

（3）垄断目的发生变化，追求利润和减少竞争压力将会成为垄断者的主要目的。市场化改革后，激发市场主体活力的目标会逐渐统一，垄断目的是独享市场利益。改革前，军工企业行政垄断与市场竞争下的企业垄断的目的存在差别，军工企业行政垄断下的目的以完成任务为主，以追求经济利润为辅。但随着军事工业领域的进一步开放，国有企业改革的进一步加快，军工企业也不可避免地会以获取利润作为主要目的。在开放竞争的军事工业领域，伴随着政府经济职能的进一步调整，军工企业利益与政府利益的一致性程度会进一步下降，军工企业的行为不再按政府的计划指令运行，行政垄断与经济垄断出现分离。政府要达到预期目标（控制核心军事能力的特定目的）将主要依赖于对某些绝对控股的国有军工企业的直接垄断，其他改革后的军工企业将会逐渐转向以经济垄断为主，以获取利润作为其主要目标。

本章小结

本章研究了军事工业的垄断形成和演变过程，按照我国军事工业发展三个主要阶段的逻辑进行梳理，分析了垄断的形成与演变的历史背景，以及各阶段的垄断现象和特征、形成的原因、垄断对当时军事工业发展的影响等，指出现阶段军事工业出现了经济垄断的新形式。

本章系统梳理和分析了我国军事工业垄断形式演变的历程，以军事工业改革发展过程中的变化节点为标志，提出了垄断的三个阶段的划分方法，即计划经济时期的"集中发展"、改革探索时期的"行政垄断"和推进军民融合时期的"经济垄断"，并对三个阶段不同垄断的特征、原因和利弊进行了深度分析。研究认为，集中发展时期形成了垄断发展军事工业的思想观念；行政垄断时期形成了政企合一的市场主体——军工企业；在推进军民融合时期，军工企业在开放竞争的领域通过行政垄断保留的强大势力继续实施经济垄断，出现了经济垄断的新形式。

本章分析了军事工业前期的垄断发展的背景和利弊，总结了军事工业计划经济时期的"集中发展"和转轨改革时期的"行政垄断"对军事工业所处时期的发展带来的影响。研究认为，计划经济时期在物资匮乏和技术落后的短缺经济条件下，利用集中力量突击发展军事工业是合理的，是多重约束下的最优选择，但同时也形成了军民分割的局面和为军工企业垄断提供了基础；转轨改革时期的市场化改革推动了军事工业的转型发展，形成了市场供需关系，但军工企业利用法规条款和行政命令排斥其他企业进入，产生了行政垄断。行政垄断一方面平衡了稳定与发展的关系，提高了军工企业市场改革时期的生存能力，避免了市场化改革对国家集中建设成果的过度冲击；另一方面也降低了改革预期成效，军事工业整体生产效率依然不高，对国防经费的依赖仍然较大。

　　本章还研究了推进军民融合时期军事工业的经济垄断现象和演化趋势。进入军民融合时期，按照我国军事工业降低市场准入门槛的原则，行政垄断逐步被打破，在军事工业大部分领域，市场已经开放，行政壁垒逐渐消除，但民口企业依然难以进入，市场仍然存在较高的集中度，其原因是军工企业利用先天优势阻止民口企业进入，形成了经济垄断的局面。研究认为，垄断的形式会随着军民融合发展的深入进一步变化，主要表现在三个方面：一是行政垄断会进一步减弱，经济垄断会进一步增加；二是政府行为和现有制度依然对垄断的形成产生影响，但会进一步隐藏在市场自发产生的垄断中；三是垄断目的发生变化，追求利润将会成为垄断者的主要目的。

　　本章从历史角度，根据我国军事工业发展的历程，详细分析了军事工业垄断的形成与演变过程，提出了我国军事工业在推进军民融合时期进入新的垄断形式，即经济垄断。军事工业的经济垄断是否实质存在？经济垄断下的市场结构、市场行为和市场绩效如何？垄断产生的影响因素是什么，对军民融合发展产生怎样的影响？下一章将从产业组织层面对上述问题进行具体详细论证和分析。

第3章 军事工业的经济垄断：基于 SCP 模型的分析

推进军民融合时期在市场化改革和行政壁垒消除的基础上，军事工业继续原有的垄断格局，但军工企业垄断的形式逐步转为经济垄断。推进军民融合时期军事工业有什么产业特征，这些产业特征与军事工业的经济垄断是否相关？军事工业经济垄断下的市场结构是怎样的，这样的市场结构下产生了什么市场行为，这些行为下的市场绩效如何，哪些因素对现有市场绩效的影响较大？基于以上问题，本章首先对军事工业的产业特征进行分析；然后结合军事工业的产业链、产品和市场特征的基础，基于 SCP 模型重点研究我国军事工业的市场结构、市场行为、市场绩效，分析对市场绩效的影响因素；最后通过实证分析找出这些因素与市场绩效之间的关系。

3.1 军事工业的产业特征

3.1.1 产业链的结构："三级倒锥形"向"三级金字塔"转变

1. 现代军事工业产业链的"三级金字塔"结构

世界军事工业的发展，经历了从简单到复杂，从单独生产到分工协作的过程。特别是在冷战结束后的一段时间，由于世界各国国防预算的大幅下跌，军事工业发生了剧烈的行业整合，出现两个趋势：一个是业务范围相近的企业通过水平整合形成了大型军事承包商；另一个是业务范围比较综合的企业通过垂直分拆后，形成更多的中小型军事承包商。以美国为例，2007 年参与军事工业领域生产和研发的企业超过 16.9 万家，其中，超过 70% 的企业是小企业，直接为国防部门提供武器装备的企业却只有 25 家（J. S. Gensler, 2011）。因此，21 世纪后的现代军事工业的产业链自上而下相对比较完整，形成典型的"三级金字塔"结构，如图 3 - 1 所示。

产业链中的角色

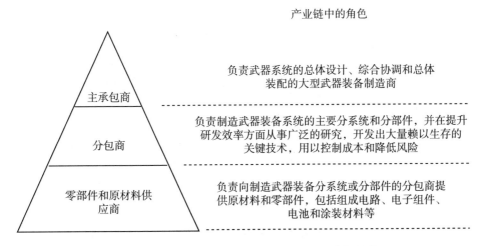

图 3 - 1　现代军事工业产业链的"三级金字塔"结构

2. 我国军事工业产业链的"三级倒锥形"结构

我国军事工业的产业链起步较晚，很快经历了从简单到复杂的转变。计划经济时期我国军事工业产业链的结构相对比较简单，呈现出"两级桶型"结构，如图 3 - 2 所示。同级产品横向上建立"一厂一所"①，分工合作进行生产和研发，以追踪军事强国的先进武器为主；不同级产品纵向上分为总体装配和配套产品两类企业，总体装配企业主要对关键进口部件进行组装和调试，配套产品企业主要为武器装备的整体进行边缘补充。这个时期我国军事工业自主研发和创新的东西较少，大多还是学习和仿制，因此相比于现代军事工业产业链，没有类似分包商这类的生产企业，这类产品大多由国外进口和军事援助获得。

---

① "一厂一所"是指某类产品的研发生产由一家科研院所和一家生产工厂两类分工明确的军工企业相互合作完成。

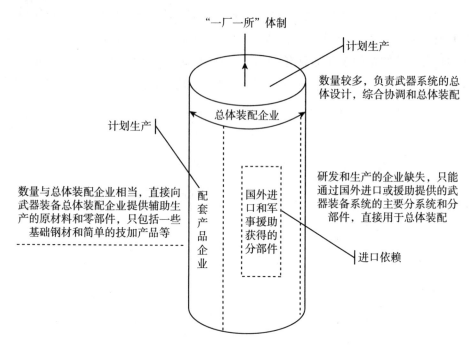

图 3-2 计划经济初期中国军事工业产业链的"两级桶型"结构

随着我国国力上升和国际地位的提高，跟踪型军事工业不能支撑高性能武器装备的发展，关键分系统和分部件也不再能轻易获取。我国军事工业开始逐渐形成了一批对分系统和分部件进行生产和研发的企业，补充产业链中的空白。这类企业的形成基于行业管理中的行政命令，由政府资产划拨或新投资，仍然按照"一厂一所"的模式建立。从规模上看，这类企业的数量与总体装配企业相当，按照定点配制的方式，即一个分系统企业为一个总体装配的企业提供绝大部分的组件产品。

因此，我国军事工业产业链的"两级桶型"结构开始向"三级倒锥形"结构转变，如图3-3所示，形成总体装配（系统集成商）、分系统和分部件（专业承包商）、配套产品（市场供应商）三类企业，构成我国军事工业产业链的上下游关系。"三级倒锥形"结构呈现出上下游供给出现不平衡的特征，出现产品供给不稳定的现象。

从规模数量上看，三类企业依此是多、较多和少，形成系统集成商数量规模大、专业承包商数量规模较大、市场供应商数量规模小的差别态势。

市场供应商数量规模小，这源于我国整体的基础工业发展较慢，这类企业成

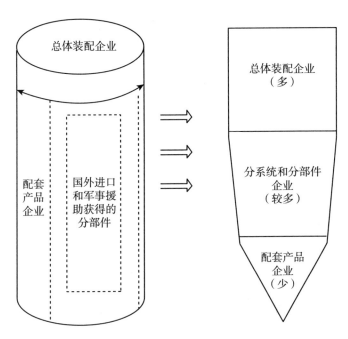

图 3 − 3 推进军民融合时期中国军事工业产业链向
"三级倒锥形"结构转变

长环境比较落后。市场供应商大多以"三线建设"时期成立的老旧企业为主，技术含量不高。由于国家集中建设成本的总体限制，军事工业向民口企业开放的时间较晚，市场供应商的数量增长较慢，仍旧是老旧军工企业自身的改造和升级。这些企业地理位置偏僻，原材料来源很远，生产成本高，效益不佳，自身投入跟不上，发展滞后。

从产业链的特征中看出，军事工业的系统集成商数量过于庞大，不利于核心优势力量的聚集，难以发挥集中攻关的规模效应；专业承包商与系统集成商数量大致相当，相互之间缺少竞争；市场供应商在国家集中建立专业承包商的过程中被大量整合，数量不足，也难以进行有效竞争。

因此，推进军民融合发展需要积极促进民口企业参与到军事工业的专业承包商和市场供应商的竞争中，充分激发市场活力，补充和增加市场主体，使产业链的"三级倒锥形"结构向现代军事工业产业链高效的"三级金字塔"结构转变，如图 3 − 4 所示。

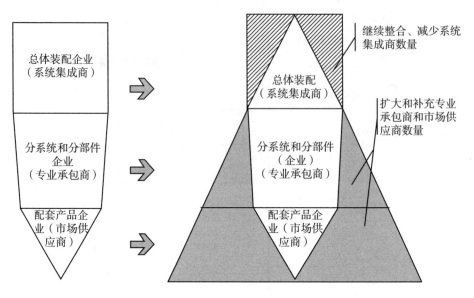

图 3 - 4　军事工业产业链向"三级金字塔"结构转变的改革目标

3.1.2　产品的两级分类：战略总体领域与基础制造领域

军事工业产业链的三级结构中形成了两类产品，按照最终产品或产品制造阶段涉及国家安全的程度不同，可以分为战略总体领域和基础制造领域产品。

1. 核心的战略总体领域产品

军事工业战略总体领域的产品主要是中下游产品，即总体集成类武器装备和关键分部件，包括核武器与军用核动力、战略导弹武器、军用航空器、舰船、兵器装备、军事电子系统及装备、武器装备专用机电设备、空间飞行器、武器装备专用材料、武器装备重大工程管理和武器装备测试与试验等，这些产品涉及国家安全，是衡量一个国家军事实力的关键要素之一，产品的生产和研发制造由国家控制。军方在这些企业范围内选择指定合同签订单位，并全寿命地控制这类武器装备的研发与生产。

2. 非核心的基础制造领域产品

非核心的基础制造领域产品主要涉及的是军事工业的中上游产品，即分系统级以下，以及零部件产品，包括武器装备一般分系统和分部件、配套产品、武器装备专用原材料和机电设备等。这部分产品所涉及的领域很大，大多涵盖在国民经济的工业制造范围内，在 2018 年公布的国民经济行业分类目录中，制造业包含 31 个子项，军事工业基础制造领域相关的产品覆盖其中 16 项；在制造业高技术产业分类目录中，军事工业基础制造领域相关的产品占 80% 以上。

从表 3 - 1 中可以看出，军事工业非核心的基础制造领域产品具有很强的军民通用性，这些产品在民用领域，例如航空、微电子、通信、计算机、材料技术等方面，有共同的应用和相似的功能。从生产和研发的机理上看，军事工业非核心领域的产品，与民用相关部件和分系统的设计和生产并无本质差别，这类产品的生产制造可以依托国家工业基础能力。

表 3 - 1　　　　　　国民经济高技术产业中涉及军事工业基础
制造领域产品的类别

项目	大类	中类	小类
高技术产业（制造业）	6	34	85
军事工业基础制造领域	5	26	69
占比（%）	83. 3	76. 5	81. 2

资料来源：国家统计局发布的《制造业高技术产业分类目录 2017》。

3. 战略总体领域与基础制造领域产品的界定

战略总体领域产品的控制范围基于国际环境变化和国家军事需求，并不是一成不变的，而是动态调整的，如表 3 - 2 所示。一般而言，在非战争时期，随着国家科学技术的进步和基础工业水平的提高，军事工业的核心领域产品会呈递减趋势。

表 3 - 2　　　　　　军事工业战略总体领域产品的范围变化

年份	武器装备科研生产许可目录数量（项）	军事工业战略总体领域产品范围
2000	4900	全口径
2002	4202	很大
2005	1988	较大

续表

年份	武器装备科研生产许可目录数量（项）	军事工业战略总体领域产品范围
2010	1903	较大
2015	755	一般
2018	285	较小

资料来源：国家国防科技工业局网站，http：//www. sastind. gov. cn/。

我国军事工业战略总体领域产品的范围不断调整，总体上呈现出缩小的态势。产品界定是依据相关的许可目录，绝大多数武器装备，甚至是一些分系统和分部件，以及配套产品都被列为战略总体领域产品，经过多次调整，战略总体领域产品数量由4900余项减少至285项，缩减比例为95.8%，仅保留对国家战略安全、社会公共安全有重要影响的项目，其余全部列为基础制造领域产品（见表3-3）。

表3-3　　　　　　许可目录界定的军事工业控制范围（2018年版）

许可总数量	许可类别	具体内容
7大类285个 许可项目	一类许可216项	A 核武器与军用核动力
		B 导弹武器/运载火箭
		C 军用航空器
		D 舰船
		E 兵器装备
	二类许可69项	F 军事电子系统及装备
		J 空间飞行器

资料来源：国家国防科技工业局网站，http：//www. sastind. gov. cn/。

从未来趋势上看，军事工业战略总体领域产品范围还会继续缩减。例如在运载火箭领域，美国已经将其划出控制范围，著名的太空探索技术公司（Space X）利用私人资本设计、测试和制造关键分系统，如 Merlin、Kestrel 和 Draco 火箭发动机，为战略导弹的发展提供了新的选择。我国目前也出现了"星际荣耀"和"零一空间"等数家私人航天公司，开始涉足运载火箭领域，并获得了特许资质。

3.1.3　市场的二元化性质：有限竞争与充分竞争

基于两类界线明确的产品特征，军事工业形成特殊的二元化的市场竞争性质：一方面是对涉及国家安全的战略总体领域产品实行有限竞争；另一方面是鼓励基础制造领域产品的充分竞争，发挥市场机制作用，推动专业化分工和社会化大协作，广泛利用多元投资、多方技术、多种力量来提高供给能力。

1. 性质一：有限竞争

军事工业中涉及国家安全的战略总体领域产品的交易是受到行政限制的。因此，出于政治和外交的考虑，战略总体领域产品的生产企业数量一般也受到政府控制，被限制在较小的范围，多则三五家，少则一两家，甚至是唯一的（核武器领域），以保证国家军事实力的优势，形成威慑力，实现国家安全。《中华人民共和国反垄断法》对军事工业中涉及国家安全的战略总体领域产品的制造有特殊的规定，对其生产企业实施许可管理，限制过度竞争。

战略总体领域产品的生产和研发投入很大，由于国家利益的约束[①]，产出与投入不相匹配，充分的市场竞争并不能提高效率。因此，国家对战略总体领域产品的生产有投入补助，政府按照能力建设需求投资建设生产和研发设备。同时，战略总体领域产品的研发生产属于资金、技术和人才密集型的环节，其各项投入巨大，而且一经投入后专用性较强，短期内难以收回，鼓励竞争会增加社会总成本，造成资源的浪费。

有限竞争市场中的企业面对的唯一交易对象是军方，军方在交易中的地位是买方垄断，从采购质量上对企业有很高要求，也会控制竞争。而一般认为，由多个企业生产核心领域产品是完全不经济的，且同一类产品差异性的研发也是不经济的，只有大量购买某一种设计类型可以大幅度地降低成本（K. Hartley，2006）。从军方采购合同上看，几乎所有的战略总体领域产品最终都来源于一个或两个企业，因而这些企业之间的竞争效应是有限的。

2. 性质二：充分竞争

推进军民融合发展时期，行政壁垒被打破，军事工业的基础制造领域产品的交易不再受行政限制，具备了一般的市场竞争的条件。国家出台政策积极鼓励军事工业基础制造领域产品市场进行军民企业之间的充分竞争，以激活市场活力，

---

① 这里不考虑军品贸易的问题，一方面是由于我国军贸的开放范围很小，另一方面是核心武器装备一般不允许通过军贸出口。

有利于将先进的基础制造技术和创新能力带进军事工业，提升基础领域的生产和研发效率，解决基础制造中低端能力过剩而高端供给不足的问题。

基础制造领域产品的生产和研发，越来越多地采用"货架"式的制造方式。所谓"货架"式的生产，是指武器装备不同层级的系统集成商根据设计需求，或采用子系统，或采用零部件进行组合，通过集成的设计和开发，形成上一级的武器装备系统。子系统和零部件即是"货架"上的产品，生产这些产品的企业面临的是很多上一级系统集成商的需求，而且这些系统集成商可能超出传统军事工业的领域划分①。随着军事工业开放程度的增大，基础制造领域产品增多，有能力提供这些产品的市场主体众多，可竞争市场范畴也会进一步增大，竞争将在这类市场中充分出现。

军事工业准入门槛降低后，可竞争市场占整个军事工业总体采购市场的比例很高，且利润空间较大，成为企业参与市场竞争的主战场。从各大军工集团公司的市场策略分析中可以发现，军工集团公司越来越重视对基础制造领域市场份额的占领，因为这些市场份额获得的利润成为其利润的主要来源。

从图3-5可以看出，军事工业基础制造领域的产品利润占军工集团公司军品总体利润的比例较高，且有逐年上升的趋势。军事工业基础制造领域的产品利润在不断提高，将吸引更多的民口企业参与市场竞争。

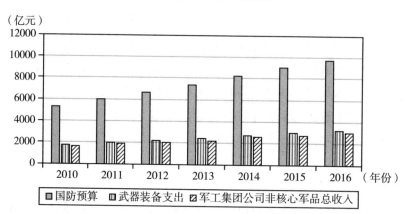

图3-5　军工集团公司在军事工业基础制造领域的产品利润

资料来源：根据军工集团所属上市公司的财务数据和《中国国防白皮书（2015）》整理。

---

① 传统军事工业将武器装备的生产和研发划为核工业、航天、航空、船舶、兵器和电子六大领域。

军事工业虽然具有二元化的市场性质，但市场中有限竞争的部分比例较小，我们重点针对军事工业允许市场进行充分竞争的基础制造领域进行具体分析。

3.2　军事工业的市场结构

由于政策引导和市场开放，推进军民融合时期的军事工业产业特征出现了变化，从而带来了市场结构的变化，包括市场集中度、产品差异化、进出壁垒等，这些因素相互影响，相互传递，从而影响市场行为。军事工业的市场性质决定了只有基础制造领域的产品存在市场竞争，下面对军事工业基础制造领域的市场结构做出具体分析。

3.2.1　市场集中度分析

市场集中度用来反映某个行业的市场聚集程度，由生产经营企业的销售量占整个行业市场的比重来表示。市场集中度可以体现军事工业中少数企业拥有的经济控制力或垄断力。市场集中度的衡量指标，经常使用的有集中度曲线、行业集中度指数（CR_n）、赫尔芬达尔—赫希曼指数（HHI）、洛伦兹曲线、基尼系数、逆指数和熵指数等。其中 CR_n、HHI 两个指标最为常用。鉴于军事工业获取数据的实际情况，本书使用行业集中度指数和赫尔芬达尔—赫希曼指数这两个指标来进行测算。

1. 衡量指标

（1）行业集中度指数。它是指某一行业的相关市场内，前 N 家市场占有量最大的企业的市场份额（如产值、产量、销售额、销售量等）的总和（绝对值）。最常用的是以 CR_4 和 CR_8 来测度，指的是前四名或前八名行业集中度指标。行业集中度指数的计算公式为式（3.1）：

$$CR_n = \sum (X_i)_n \Big/ \sum (X_i)_N \tag{3.1}$$

其中：X_i 表示第 i 个企业的市场份额绝对值，N 表示此行业中企业的总数。

（2）赫尔芬达尔—赫希曼。相比行业集中度指标，赫尔芬达尔—赫希曼指数更全面地反映了集中度。赫尔芬达尔—赫希曼指数是基于某一行业中的企业总数和规模分布的市场集中度测度指标，指该行业中所有企业市场份额占有率（相对值）的平方和。其计算公式为式（3.2）：

$$HHI = \sum_{i=1}^{N} S_i^2 = \sum_{i=1}^{N} \left(X^i \diagup \sum X_i \right)^2 \qquad (3.2)$$

其中：S_i 是企业市场份额占有率。

HHI 值会随着行业中企业数目的增加而下降，若行业内的企业数目不变，则该值会随着企业之间的市场份额占比差值增大而增加。

2. 垄断程度的衡量

美国的经济学家贝恩（J. Bain）最早使用行业集中度指数来划分市场机构类型，依据产业内部前四位和前八位的行业集中度情况将市场结构分为五类，其结果如表 3-4 所示。

表 3-4   贝恩的市场集中度指标分类   单位：%

分类	CR_4	CR_8
寡占 I 型（高度寡占）	$CR_4 \geqslant 85$	—
寡占 II 型（高度集中）	$75 \leqslant CR_4 < 85$	$CR_8 \geqslant 85$
寡占 III 型（中上集中）	$50 \leqslant CR_4 < 75$	$75 \leqslant CR_8 < 85$
寡占 IV 型（中下集中）	$35 \leqslant CR_4 < 50$	$45 \leqslant CR_8 < 75$
寡占 V 型（低度集中）	$30 \leqslant CR_4 < 35$	$40 \leqslant CR_8 < 45$
竞争型（原子型）	$CR_4 < 30$	$CR_8 < 40$

美国司法部制定了利用 HHI 评估某一产业集中度的指标标准（见表 3-5）。

表 3 – 5　　　　　　　　　以 *HHI* 值为基准的市场结构分类

分类	市场结构	*HHI* 值
寡占型	高寡占Ⅰ型	$HHI \geqslant 3000$
	高寡占Ⅱ型	$1800 \leqslant HHI < 3000$
	高寡占Ⅲ型	$1400 \leqslant HHI < 1800$
	高寡占Ⅳ型	$1000 \leqslant HHI < 1400$
竞争型	竞争Ⅰ型	$500 \leqslant HHI < 1000$
	竞争Ⅱ型	$HHI < 500$

3. 军事工业的市场集中度分析

这里选用涉及军事工业的五大传统行业的数据进行分析，分别是航天、航空、船舶、兵器和电子行业。以涉及军事工业相关专业产品的 86 家上市公司财务数据为准，其中 40 家军工企业，46 家民口企业，选取每个行业中相同专业领域的企业进行统计分析（见表 3 – 6）。

表 3 – 6　　　　　　　　军事工业有关专业领域产品的市场集中度

行业	与产品相关的专业领域	军民通用程度	CR_4	CR_8	*HHI*	军工企业数量	民用企业数量
航天	航天运输系统	较高	92.1	96.7	3329.4	23	33
	空间飞行器	一般	96.8	98.4	3424.9	21	12
航空	航空器及发动机	较高	87.9	93.2	2908.7	35	22
	飞行器动力装置	较高	89.1	93.8	2849.0	37	34
船舶	燃气轮机	一般	95.6	97.9	2985.6	31	13
	海洋防务装备	一般	98.1	99.0	3694.2	22	9
兵器	单兵武器的开发	一般	93.4	95.4	2309.1	31	33
	陆上车辆及设备	较高	90.1	93.9	1909.6	43	39
电子	电子装备与系统集成	高	85.4	89.0	1447.0	54	51
	平台电子装备	较高	89.5	94.3	1683.9	49	21
	集成电路与电子元器件	高	82.8	88.3	1462.2	46	53

资料来源：根据相关企业上市公司 2018 年年报数据整理计算得到。

对照贝恩的市场集中度指标划分标准，按 CR_4 的数据分析，军事工业大多数专业领域的产品可判断为寡占 I 型，即高度寡占市场，部分军民通用程度高的专业领域产品可判断为寡占 II 型，即高度集中市场。从 CR_8 的数据分析，几乎所有军事工业专业领域的产品都可判断为寡占 II 型。从企业数量上看，具有相关专业领域制造能力，可以研发生产的民口企业数量与军工企业的数量差距不大，有些专业领域甚至还多于现有的军工企业。从企业类别上看，不论是 CR_4 还是 CR_8 的数据，都来自军工企业，这意味着军工企业的前几家大企业占据了绝大部分市场份额，众多小企业（包括剩余的军工企业和民口企业）分食较小的市场份额，这可以说明竞争较小，市场属于高度集中的状态。

HHI 值综合反映了大企业的集中度和所有企业的相对规模，可以体现出企业规模的差异性。对比市场结构分类标准，从计算得出的 HHI 值中发现，军事工业有关专业领域产品的市场结构都属于寡占型，这与市场集中度指标的结论一致。但我们还可以从 HHI 值中发现，航天、航空和船舶有关专业领域的产品市场结构中，HHI 值较高，说明这三个行业的企业规模差异较大，民口企业离军工企业的差距较大，还不具备竞争实力。而兵器和电子行业的 HHI 值相对较小，特别是电子行业的有关专业领域产品，已经接近竞争型市场的边缘，民口企业与军工企业的规模差异较小，竞争相对较多。

接下来再选取军民通用程度较高的产品专业领域，观察市场结构的年度变化情况。首先观察市场集中度 CR_4 的变化趋势，计算结果如表 3-7 所示。

表 3-7 军事工业相关专业领域产品的市场集中度（CR_4）变化趋势 单位：%

专业领域	2010 年	2011 年	2012 年	2013 年	2014 年	2015 年	2016 年	2017 年	2018 年
航天运输系统	91.6	90.7	91.8	92.1	93.6	92.6	92.4	91.7	92.1
航空器及发动机	88.1	86.9	87.3	88.3	87.2	89.0	88.0	89.4	87.9
陆上车辆及设备	88.4	89.7	89.0	90.6	88.5	88.0	88.7	90.1	90.1
电子装备与系统集成	85.8	85.4	83.6	83.9	84.6	85.5	84.8	83.2	85.4
集成电路与电子元器件	82.6	81.7	82.8	81.8	81.2	81.6	80.2	82.1	82.8
平均值	87.3	86.9	86.9	87.3	87.0	87.3	86.8	87.3	87.7

资料来源：根据相关企业上市公司 2010~2018 年年报数据整理计算得到。

其次，继续选取军民通用程度较高的产品专业领域，观察市场集中度 CR_8 的变化趋势，计算结果如表 3 - 8 所示。

表 3 - 8 　　军事工业相关专业领域产品的市场集中度（CR_8）变化趋势　　单位:%

专业领域	2010 年	2011 年	2012 年	2013 年	2014 年	2015 年	2016 年	2017 年	2018 年
航天运输系统	95.0	94.1	95.3	96.0	95.2	95.9	94.0	96.8	96.7
航空器及发动机	92.7	90.3	91.4	90.5	91.3	92.1	90.7	90.6	93.2
陆上车辆及设备	92.6	91.7	92.8	93.7	92.1	91.0	92.3	91.6	93.9
电子装备与系统集成	87.6	86.4	87.0	86.9	85.2	88.8	86.7	88.3	89.0
集成电路与电子元器件	88.7	85.9	85.4	85.7	88.2	86.5	86.2	88.3	88.3
平均值	91.3	89.7	90.4	90.6	90.4	90.9	90.0	91.1	92.2

资料来源：根据相关企业上市公司 2010 ~ 2018 年年报数据整理计算得到。

根据计算得出军事工业有关专业领域产品 2010 ~ 2018 年的 CR_4 和 CR_8 数据。在计算中我们还发现，不管是 CR_4 还是 CR_8 数据，均没有民口企业，说明民口企业参与到军事工业相关专业领域的程度依然较低，没有实质的变化。将各专业领域产品的数据取平均值并用图表示（见图 3 - 6），我们发现，军事工业的市场集中度在小范围内波动，说明虽然推进军民融合发展的政策在不断推进，但市场竞争的局面变化却不大，并没有改变市场的垄断格局。

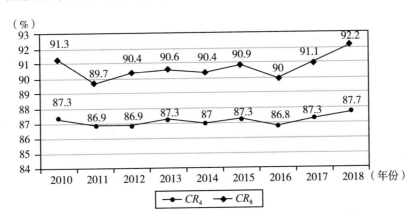

图 3 - 6 　市场集中度指标（CR_4 和 CR_8）的绝对值趋势变化

最后，观察军事工业有关专业领域产品的市场集中度相对值（HHI）的变化趋势，根据计算得出表 3 - 9 的数据。

表 3 - 9　军事工业相关专业领域产品的市场集中度（*HHI*）变化趋势

专业领域	2010年	2011年	2012年	2013年	2014年	2015年	2016年	2017年	2018年
航天运输系统	3149.2	3073.9	3354.6	3194.8	3178.5	3176.4	3297.3	3022.8	3329.4
航空器及发动机	3059.7	2913.5	2714.0	2781.7	3185.5	3177.3	3004.9	2799.9	2908.7
陆上车辆及设备	2122.4	2081.4	2004.9	2084.8	2232.2	2250.6	2193.4	2191.9	1909.6
电子装备与系统集成	1564.2	1475.3	1514.6	1339.0	1552.8	1546.9	1449.7	1364.2	1447.0
集成电路与电子元器件	1532.0	1438.1	1513.5	1414.5	1497.0	1411.4	1695.3	1564.9	1462.2
平均值	2285.5	2196.4	2220.3	2162.9	2329.2	2312.5	2328.2	2188.7	2211.3

资料来源：根据相关企业上市公司 2010~2018 年年报数据整理计算得到。

　　根据数据可以看出，*HHI* 值随年度存在小范围的波动，并没有突变或阶梯跃升点，说明市场中的企业规模差异性变化不大，军工企业依然保持较大的规模优势，民口企业虽然得到了政策的开放，但参与市场竞争的程度不高，政策效果随时间的推移并不明显，没有改变市场结构。将各专业领域产品的数据取平均值，绘制成图更能直观地看出趋势走向（见图 3 - 7）。

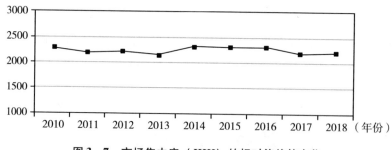

图 3 - 7　市场集中度（*HHI*）的相对值趋势变化

　　对军事工业相关专业领域产品的市场集中度的分析中得出，不论市场集中度指标还是赫尔芬达尔—赫希曼指数，都反映了当前我国军事工业的市场结构是高度垄断的现实，在计算的过程发现，企业规模和市场份额都显示垄断者为军工企业，民口企业的市场份额较小，并不能影响市场结构的变化。

3.2.2　产品差异性分析

　　产品差异是指某一行业市场内各企业提供的产品具有的不完全替代性，或者少量企业的产品具有其他企业产品不具备的特点。产品差别性的关键是其不可替代，可以引起消费者的偏好，从而带来市场的不完全竞争。产品差异的要素包含质量、性能、式样、销售服务、信息提供和其他消费者的偏好等方面，这些要素导致产品间出现替代关系的不完全性。产品差异使同一产业内的不同企业的产品相互之间的替代性减小，在另一个角度就意味着该产品在市场的垄断能力增大，可以使企业在产品的边际成本之上进行定价，定价超出边际成本越多，则企业获得的超额利润越大，企业的垄断势力就越大。

消费需求决定产品差异。一般而言，最终进入武器装备生产和研发链条里的工业产品，都需要严格按照军工标准进行生产，从需求上对产品的要求是标准化的。根据军事需求的实际，对于军事工业的产品来说，对其差异性的选择主要在于产品的可靠性是否满足军事作战的特殊要求。决定军事工业产品差异的可靠性保障具体表现在两个方面：

1. 产品质量差异

军工产品有相对较高的质量认证体系，是根据《军工产品质量管理条例》的要求，在 ISO9001 标准的基础上，增加军用产品的特殊要求编制而成的。企业在达到军工质量认证要求后，如果使自己的产品质量在市场中具有更多的优势，将在获取军品订单方面拥有更高的竞争力。

2. 稳定供货能力差异

军事需求具有不稳定性的特征，因此在武器装备的需求上也存在较大的市场波动周期。在市场需求的低谷时期，生产能力并不能得到充分满足，而在市场需求高峰时期，则可能出现供货不足的情况。这对企业的产品供货稳定性有较高要求，特别是在军事需求增长的高峰时期，如果在保证自己的产品在质量不下降的情况下顺利完成订单，将是企业在获取军品订单方面的另一个竞争力。

3.2.3　进出壁垒分析

进出壁垒是指企业进入或退出某一行业时会碰到的障碍，反映了市场内在位企业与新进入企业之间的竞争。

直观而言，军事工业的进出壁垒一向很高，主要表现在政策壁垒和市场壁垒两个方面。从政策层面上看，军事工业被视为涉及国家安全的行业，政府从一开始就出台多项政策封闭管理，虽然军民融合发展加大了开放力度，但相比于轻工业和服务业，政策壁垒依然较高。从市场本身层面上看，已经在位的军工企业虽没有特意设置市场壁垒，但凭借国家投入的优势，以及长期技术积累和封闭，在市场中也会形成较高的市场壁垒。具体而言，主要体现在以下几个方面。

1. 战略总体领域的壁垒

（1）资质壁垒。军事工业目前的资质壁垒主要是针对战略总体领域。对于战略总体领域的武器装备产品，依据《武器装备科研生产许可管理条例》，国家对列入武器装备科研生产许可目录的武器装备科研生产活动实行许可管理，企业未取得武器装备科研生产许可，不得从事许可目录所列的武器装备科研生产活动。拟进入军事工业的企业，还需要取得《武器装备承制单位注册证书》，并通过武器装备质量体系认证和武器装备科研生产单位保密资格审查认证。

基础制造领域的武器装备产品一般处于产业链的中上游，接受中下游企业的采购。按照推进军民融合时期的政策要求，研发和生产这类产品的企业不需要取得武器装备科研生产许可和武器装备科研生产单位保密资格审查认证，只需要通过武器装备质量体系认证，即可进入采购企业的《合格供应商名录》。

（2）规模壁垒。战略总体领域的产品从开始研制到集成总装，需要投入大量的人力、物力和财力，同时，企业还需要具备一定的战备动员能力。如果没有足够多的军方订单需求和一定的规模能力建设做支撑，就不能获得持续稳定的盈利，企业则难以在军事工业中持续发展和长期经营生存。维持这类企业的竞争成本非常高，因此数量被控制在一定的规模内。

2. 基础制造领域的壁垒

（1）固定成本壁垒。武器装备相关产品的生产、试验、储存和运输等环节涉及较多的特殊工艺，对工艺转变有特殊的要求，其工艺装备多为专用设备。这些专用设备大多属于进口设备，需要大量的资本投入，以形成生产所需的规模化固定资产。军工企业长期得益于政府的固定资产投入资助，固定资产投入方面的成本较低，民口企业需要积累较多的资本后，方可进入武器装备相关领域进行生产。

（2）工业标准壁垒。武器装备相关产品的市场有较为明显的"先入为主"的特点。武器装备的最终产品一旦列装使用后，为了保证国防体系的安全和完整，保持战斗力的延续和稳定，军方不会轻易更换其主要武器装备的供应企业，并在后续的产品升级、技术改进和关键分系统以及零部件的采购中对整个产业链条上的所有企业存在一定的依赖。生产该产品的一系列企业可以借此独立制定或更改通用的工业标准，凭借标准在一定时间内保持优势地位。

（3）技术经验壁垒。军事工业中涉及武器装备的研制和生产具有较强的技术经验壁垒，需要较长时间的技术积淀和通过无数次试验获得的经验积累。随着军事行为中的战术需求的不断提高，技术积淀和经验积累将越发宝贵，逐步成为进入壁垒。军工企业经过长期的生产经营，积累了较多的人才和技术以及试验成果，并独享大量的国家实验室和试验场所。民口企业在技术上虽然先进，但缺少相关领域的试验经验和场所，也成为其进入市场的障碍之一。

（4）技术转化壁垒。武器装备具备杀伤性，涉及的研发过程危险性较高，关键环节的技术和工艺较复杂，有十分严格的工艺控制技术和使用专利。国家投入了大量的资金对关键技术和工艺进行研发，形成了一批相关的技术专利，但这些专利并没有转化和开放共享，民口企业没有这些技术专利的基础，只能从基础技术起步进行研发，加大了涉足这一领域的困难。

这些政策壁垒和市场壁垒构成了军事工业的进出壁垒。尽管相对其他工业部门，军事工业的进出壁垒依然较高，但随着近年来全球军费开支的进一步扩张和国内国防支出的迅速增长，市场饱和度和利润空间都有很大的余地，加之国家政策的支持和军民融合的开放，军事工业对新进入者保持较高的吸引力。

3.3 军事工业的市场行为

企业针对市场结构的变化，会改变自身的市场行为，以达到占有市场份额的目标。一般地，市场行为主要包括两个类型：一类是以控制和影响价格为目的的定价行为，主要是价格竞争；另一类是以提企业生产和研发效率为主要目的的非价格行为，如技术研发等。军事工业有其特殊性，其市场主体、价格竞争行为和非价格竞争行为与一般市场有所不同。

3.3.1　市场主体分析

按照军民融合的视角,军事工业中的市场主体分为军工企业和民口企业,其中军工企业主要有三类,分别是中央军工集团公司、地方军工集团公司和"老三线"军工企业①。民口企业涉及的范围较广,主要包括民口中央企业、民营独资企业和民营合资企业。

1. 军工企业

(1)中央军工集团公司。中央政府出资集中建设的大型军工集团公司,由计划体制下的国家工业部门转变而来,覆盖核、航天、航空、船舶、兵器和电子六个行业,旗下的军工企业既包揽了绝大部分的分系统和分部件以上的武器装备的科研和生产,也承接原材料和零部件的生产制造,属于"大而全"的体系,是我国现有军事工业的核心骨干力量。2018 年中央军工集团公司的军工企业组成如表 3 – 10 所示。

表 3 – 10　　　　　　　　2018 年中央军工集团公司的军工企业组成

军工集团公司	系统集成商数量	专业承包商数量	市场供应商数量
中国核工业集团公司	51	55	23
中国航天科技集团公司	33	36	21
中国航天科工集团公司	36	40	22
中国航空工业集团公司	29	31	24
中国航空发动机集团公司	19	28	12
中国船舶工业集团公司	38	46	23
中国船舶重工集团公司	36	50	29
中国兵器工业集团公司	31	32	10
中国兵器装备集团公司	26	33	19
中国电子科技集团公司	33	43	21

资料来源:根据 Wind 宏观行业数据和上市军工企业数据整理。

---

①　中华人民共和国成立初期和"三线建设"时期建成的军工企业经过整合,一部分搬出了山区,被称为"老三线"军工企业,归属地方政府管理。

中央军工集团公司一般按照三级组织模式，集团公司作为管理机构，对旗下的军工企业的业务和资金进行管理。由于业务涉及面广，各军工集团公司一般将整体业务分为多个领域，每个领域专注一类产品的研发与生产，因此按照"板块"或"院"的形式设置二级管理部门。第三级则是真正进行生产和研发的企事业单位，以不同的产业链身份，参与武器装备科研生产的具体业务。

（2）地方军工集团公司。地方军工集团公司的军工企业大多是专业承包商和市场供应商，处于产业链的中上游，负责分系统和分部件、原材料和零部件等的生产和研发，也有少量的系统集成商，承接部分中小型号的武器装备的生产和研发。地方军工集团公司的规模相对于中央军工集团公司而言小很多，甚至不及其二级子公司的规模。因此，地方军工集团公司很少出现在系统集成商的层面，只是在专业承包商和市场供应商层面进行竞争，争夺市场份额的积极性较高。2018 年部分地方军工集团公司的军工企业组成如表 3 - 11 所示。

表 3 - 11　　　　　　　2018 年部分地方军工集团公司的军工企业组成

地方军工集团公司	业务范围	专业承包商数量	市场供应商数量
安徽军工集团公司	弹药的生产和研发，产品包括迫击炮弹、光电对抗弹药、单兵火箭、引信、子弹药、火工品等	4	0
江西军工集团公司	弹药及其配套产品的生产和研发，配套产品包括引信以及复合固体推进剂	4	1
四川军工集团公司	机载火控雷达、探测装备、数字化信息装备等关键分系统的生产和研发，电子武器装备元器件、电连接器、航空蓄电池及电源等配套产品	2	3
浙江军工集团公司	地雷与爆破器材、制式假目标、枪械、枪弹等配套产品	0	3

资料来源：根据各地方军工集团公司官方资料整理。

（3）"老三线"军工企业。重新整合的"老三线"军工企业主要是一些小型企业，大多是市场供应商，处于产业链的上游，承接一些原材料和零部件的生产和武器装备的维修保养，获得了一些市场份额，如表3-12所示。

表3-12　　　　　　　　军事工业的部分"老三线"军工企业

军事工业领域	业务范围	市场供应商数量
常规兵器工业	弹体、配件、火工品	2
军事电子工业	电子原材料	3
核工业	核基础材料	1
航空航天工业	航天航空机械加工、钢材、涂装、发射保障、试验	2
常规兵器工业	引信、配件、火工品	2
船舶工业	船舶配套产品、舰上附属设施	1

资料来源：根据 Wind 数据中的上市军工企业数据整理。

2. 民口企业

民口企业中已有数千家获得军工产品专业承包商和市场供应商的许可资格，开始承接部分分系统和分部件以及单兵小型武器的生产和研发，或者负责原材料和零部件的供给，甚至参与大型武器装备系统的总体装配，如表3-13所示。

表3-13　　　　　军事工业相关领域产品涉及的行业中的部分上市民口企业

军事工业相关领域涉及的行业	上市的民口企业	企业属性
采矿业	中国有色矿业集团有限公司	国有控股
化学原料和化学制品制造业	湖南博云新材料股份有限公司	私人控股
金属制品业	山东大业股份有限公司	私人控股
通用设备制造业	新疆机械研究院股份有限公司	私人控股
专用设备制造业	陕西炼石有色资源股份有限公司	私人控股
汽车制造业	重庆长安汽车股份有限公司	国有控股
铁路、船舶、航空航天制造业	江苏亚星锚链股份有限公司、	私人控股

续表

军事工业相关领域涉及的行业	上市的民口企业	企业属性
电气机械和器材制造业	江苏雷科防务科技股份有限公司	私人控股
通信和电子设备制造业	武汉高德红外股份有限公司	私人控股
仪器仪表制造业	北京星网宇达科技股份有限公司	私人控股
金属制品、机械和设备修理业	北京钢研高纳科技股份有限公司	国有控股

资料来源：Wind 企业数据。

军事工业相关领域产品涉及的行业非常多，包括采矿业，化学原料和化学制品制造业，金属制品业，通用设备制造业，专用设备制造业，汽车制造业，铁路、船舶、航空航天和其他运输设备制造业，电气机械和器材制造业，计算机、通信和其他电子设备制造业，仪器仪表制造业，金属制品、机械和设备修理业等，这些行业中的民口企业参与军事工业的意愿也非常强烈，是重要的市场主体。

3.3.2　生产领域的价格竞争行为：成本竞争

价格竞争是指企业运用定价手段，通过价格的调整策略或对竞争者价格调整的应对策略等，来获取市场份额的一种竞争方式。价格竞争在一般市场中常见，是企业间最为主要的市场行为之一。

由于军事需求的总体有限性和国防消费的"非排他性"，军事工业的最终产品具有价格上限，而且价格受到多种非市场因素的制约，只能在有限的范围内波动，这就决定了军事工业的市场主体之间只能在有限的价格空间内竞争。为了获取更多的利润，在价格调节空间有限的情况下，成本竞争成为军事工业市场主体的重点关注的内容。

1. 军事工业市场竞争的需求空间分析

假设军事工业相关专业领域的产品的替代弹性可定义为产品 A 与产品 B 响应变化的比率与边际产出相应变化比率之比，数学表示为式（3.3）：

$$\eta = \frac{\mathrm{d}B/\mathrm{d}A}{B/A} \bigg/ \frac{\mathrm{d}Q_2/\mathrm{d}Q_1}{Q_2/Q_1} \tag{3.3}$$

替代弹性 η 的理论变化范围是 $[0, 1]$，替代弹性的大小可以通过无差异曲线的弧度来反映。经过前面的分析，由于武器装备可靠性的要求，除了质量因素以外，其产业链的各级相关领域产品的同质性较高，同一领域相互替代的可能性较大，因此，无差异曲线的弧度应位于直角曲线和直线之间的某种情况，如图 3-8所示。

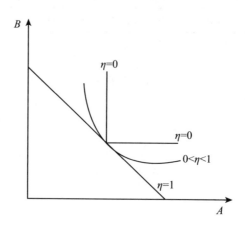

图 3-8　军事工业相关专业领域产品的替代性分析

由于军事工业相关领域产品的高替代性，军事工业的最终产品具有价格上限（除去成本核算对价格的控制），在低于价格上限的范围内，才会产生对这些领域产品的需求。因此军事工业的市场主体只能在有限的需求空间内进行竞争。价格上限与替代弹性相关，替代弹性越大，价格上限越接近政策约束的底线，这时价格上限与需求曲线之间的封闭部分就是市场竞争的需求空间，如图 3-9 所示。

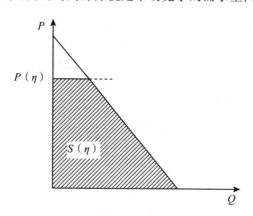

图 3-9　价格上限约束下的市场竞争空间

2. 军事工业价格约束下的成本竞争行为分析

在有限的市场竞争需求空间内，成本控制就成为企业之间竞争的关键发力点。替代竞争者的产品需要将边际成本控制在竞争者之下，且在价格约束下存在利润的空间。这实际上是对军事工业生产企业技术的可行性提出了较高的要求，需要更新设备、工艺和改良生产线，甚至还要考虑人才引进和人员培训等非硬件设施方面的成本，这些成本构成了替代成本。替代成本会使需求曲线左移和价格上限下移，还会进一步压缩需求空间，如图 3 – 10 所示。

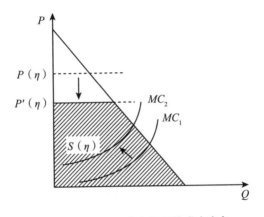

图 3 – 10　有限需求空间下的成本竞争

在有限的需求空间内，企业之间的竞争会将利润空间缩减到很小的范围内。在这样小的利润空间中，企业的边际成本优势将会使其获得最终的胜出。

军工企业长期获得政府的投资，边际成本的控制较之民口企业更加接近产品价格的边界，能够获得相对较大的利润空间，在成本竞争中具有明显的优势。

3.3.3　研发领域的非价格竞争行为：研发竞争

研发竞争是一种非价格竞争。非价格竞争是企业之间体现出的价值竞争，是产品更能适合消费者需求的一种竞争。军事工业的非价格竞争主要表现在通过研发提高产品的质量、效能以及改变产品的供给稳定性等方面，企业进行不断的研发投入，力图将产品与其竞争对手的产品相区别，以适应军方和下游采购商的需要，从而增大自身产品销售的市场份额。

前面的分析中提出，军事工业相关领域的产品差异性主要体现在质量和供给能力上，提高这两个方面的能力需要企业大量的研发投入，因此军事工业的非价格竞争看似质量和供应管理上的竞争，实质归根结底是产品生产能力上的研发竞争。

1. 军事工业研发中的流程创新行为

军事工业的最终产品在军事需求下进行严格定型后，对其产业链上的其他相关领域的产品也进行了规格和质量约束，产品的同质性较高，因此企业参与研发竞争并进行研发投入的目标是在同样的成本下提升产品质量。为了便于经济学分析，我们将质量的变化转化到成本的改变上，即固定质量来观察成本的变化，将同样成本提升质量的目标视为同样质量下降低成本。

巴罗等（R. Barro et al., 1995）对研发行为的划分，主要包含三类相关研发活动。第一类是基础研究，包含那些当期不一定会有特定应用，但有助于后期研发活动的基础知识的研究；第二类是应用研究，一般包含重大的工程投入，比起基础研究更追求实践和特定用途；第三类是开发研究，研究的目的是将已有的样品进一步转化为大批量的生产应用。

在市场竞争中，企业对开发研究活动的关注更高，因其可以更快地实现利润。开发研究又可以分为两类：流程创新和产品创新。流程创新是以低成本生产现有产品的新方法的发现，产品创新是开发出新产品的创新。在军事工业相关领域的开发研究更关注的是流程创新。还可以再进一步细化，流程创新还可分为突破性创新和非突破性创新，突破性创新能使企业迅速将质量提升到其他竞争者不可匹及的程度，在这个边际成本下生产，将会在一定时期内形成垄断局面；非突破性创新可以使企业取得相对于其他竞争者的成本优势，但这种优势只能增加自身的利润空间，并不能将其他竞争者的所有利润挤出，无法形成垄断。一般而言，对于军事工业产品，突破性创新意味着军事工业的最终产品中需要接受一个新的部件产品，为了质量的可靠性和安全性，政府和军方需要进行重新定型，要求非常长的周期，并且这种新产品在很长的一段时间内不会进入大批量的生产阶段，不会使企业获得更多的市场份额。因此，对于军事工业相关领域产品的研发竞争，企业更多关注的是非突破性创新。

如图 3-11（a）所示，假定某军事工业制造企业通过研发活动获得了一个突破创新，大幅降低了成本生产，可以在 P_2 的位置盈利。由需求曲线可知，边

际收益 $MR = P - 2Q$ ，令其与边际成本相等，这家企业只需要将垄断产量控制在 Q_M ，就可使其他企业没有任何利润，都会退出市场。但如果这个创新是非突破创新，如图 3 – 11（b）所示，成本会下降但并不会太多，这家企业在垄断产量 Q_M 处生产，也不会将所有其他企业挤出市场外，因此它会做出妥协，不会选择垄断产量生产，而会选择边际成本等于边际收益的产量处生产。

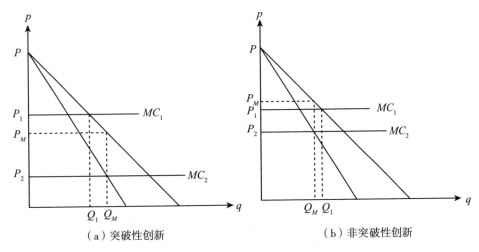

（a）突破性创新　　　　　　　　（b）非突破性创新

图 3 – 11　突破创新与非突破创新对竞争的影响

2. 军事工业流程创新中的竞争行为

考虑军事工业相关领域产品研发竞争的特点，在这里我们重点分析非突破创新的情况。由于非突破性创新不会直接进入垄断，因此会产生企业间的竞争行为，下面简单进行证明。

假定军事工业相关领域的企业都会选择投入研发费用来参与市场竞争，研发的投入为 r_i ，投入的好处是可以降低企业生产的产品的单位成本 c_i ，因此单位成本是研发投入的减函数，$c_i = c(r_i), \mathrm{d}c(r_i)/\mathrm{d}r_i < 0$ ，于是就有利润 π_i ：

$$\pi_i = P(Q)q_i - c(r_i)q_i - r_i \tag{3.4}$$

其中：P 为市场价格，q_i 为参与竞争企业 i 的产量。

从式（3.4）中可以看出企业利润的大小在总成本降低 $c(r_i)q_i$ 与研发投入消费 r_i 之间权衡，关键因素就取决于市场份额 q_i ，这就是市场竞争行为的产生源头所在。

根据达斯古普塔和斯蒂格利茨（P. Dasgupta & J. E. Stiglitz, 1980）模型中的分析，以价格成本差来表示的勒纳指数形式为：

$$\frac{P - c(r_i)}{P} = \frac{S_i}{\sigma} \tag{3.5}$$

其中：S_i 是参与竞争企业 i 的市场份额，σ 是市场的需求弹性。

根据等式（3.5）可以得出研发投入与市场份额的关系。

在产品特性中我们已经分析，军事工业相关领域产品市场的需求弹性相对比较小，假定研发投入与成本降低的函数 $c(r_i)$ 均相同，即不产生差异性的研发效果，这样可以分析得出军事工业领域的研发竞争行为：

$$S_i = \frac{P - c(r_i)}{P} = 1 - \frac{c(r_i)}{P} \tag{3.6}$$

由式（3.6）可以看出，由于军事工业价格波动较小，生产企业的市场份额与研发投入成正比，至此可以证实研发投入会带来市场份额的增加，激励企业参与研发竞争。

3.4 军事工业的市场绩效与影响因素

推进军民融合时期军事工业的市场结构和市场行为都发生了改变，企业在经营利润和研发效率上会出现变化，即发生市场绩效的变化。市场绩效是指在既定的市场结构下，由市场行为影响所形成的价格、产量、成本、利润、产品质量、产品种类以及在技术进步等方面的成果体现，反映了在特定的市场结构和市场行为条件下市场运行的效果。一般而言，这可以从资源配置效率和技术创新效率等方面来衡量。下面对与军事工业的市场绩效进行分析，并区分军民通用性较高和较低的基础制造领域相关专业领域，对比军工企业和民口企业的市场绩效。

3.4.1 衡量指标与市场绩效评价

1. 资源配置效率

资源配置效率是指配置资源的有效性，可以通过企业生产效率高低的角度来考察资源的利用状态。企业生产效率涉及的内容比较广泛，包括产量、成本、利润等。经济学经常利用利润率指标来反映资源配置效率，在资源配置状态最优化时，也就是所谓的理想的完全竞争状态时，利润水平趋于平均化，行业内的企业只能得到均衡于正常利润的经济利润，不会出现超额利润。当出现超过正常利润的超额利润时，就表明存在不完全的竞争状态，超额利润越高，表示垄断的程度越高。利润率中提到的利润是指经济利润，常常难以具体加以量化，因此在实际计算中，为了体现利润率指标，出现了勒纳指数、贝恩指数和托宾 q 值三种方法。

2. 技术创新效率

技术创新效率体现了一个行业技术进步程度，包括行业内的发明、创新和技术转移等方面。技术创新的成果渗透和隐含于市场行为和市场结构的各个环节，最终通过市场绩效表现出来。一个行业在单位时间内的技术创新成果越多，则越容易推动行业的生产改进，从而提高生产效率。技术创新成果通常用技术专利的形式体现，在实际计算中，专利的数量往往用来作为技术创新的衡量指标。

3. 军事工业的市场绩效比较

军事工业属于特殊行业，大部分企业没有进入资本市场，进入资本市场的上市公司有关数据具有信息披露的豁免权，很多信息数据是不公开的，产品的价格和成本等数据都无法通过公开方式取得。因此，对军事工业市场绩效的衡量使用上述的两个指标进行综合评判，其中选用企业的资产收益率作为利润率的近似处理来体现资源配置效率，企业专利数量作为技术创新效率的衡量指标。对专利数量做一定的处理，按照发明专利、实用新型专利和外观设计专利[①]计入不同的权重值。计算公式为式（3.7）：

$$ME = \sum_{i=1}^{n} (\alpha ROA + \beta \lg(\delta Patent_1 + \gamma Patent_2 + \lambda Patent_3))/i \qquad (3.7)$$

其中：ME 为市场绩效评价指标，ROA 为净资产收益率，$Patent$ 为专利数量，i 是统

---

① 发明专利、实用新型专利和外观设计专利申请的难度不一。技术方面的方法或工艺的创新申报发明专利，设备的结构创新申报实用新型专利，外观专利是外部样貌跟其他产品的区别。

计年数，$\alpha + \beta = 1, \delta + \gamma + \lambda = 1$。

（1）军民通用性较高的专业领域市场绩效对比。为了对比军工企业和民口企业的市场绩效，我们首先选择军民通用性较高的几个军事工业相关领域产品的行业进行分析，参与这些领域的民口企业相对较多。市场绩效的计算选用涉及这些领域相关专业产品的 86 家上市公司财务数据，以及上市公司申请的专利数量。这涉及 40 家军工企业、46 家民口企业，市场绩效的评价按照上式进行计算，统计分析和计算结果如表 3 - 14 所示。

表 3 - 14　　　　通用性较高的军事工业相关专业领域的市场绩效比较结果

专业领域	2018 年（1 年）		2014 ~ 2018 年（5 年）		2010 ~ 2018 年（9 年）	
	军工企业	民口企业	军工企业	民口企业	军工企业	民口企业
航天运输系统	4.61	6.33	4.52	5.54	5.12	5.59
航空器及发动机	8.73	9.37	7.14	7.94	6.50	7.58
陆上车辆及设备	-1.21	-0.56	3.81	4.30	3.99	4.16
电子装备与系统集成	6.44	11.36	6.13	9.17	5.07	8.85
集成电路与电子元器件	5.69	9.65	5.86	8.31	6.26	8.01
平均值	4.85	7.23	5.49	7.05	5.38	6.83

资料来源：Wind 企业财务报表和国家知识产权局网站，http：//cpquery. sipo. gov. cn/。

从市场绩效的统计分析中可以看出，在军事工业与民用工业通用性较高的相关专业领域，民口企业的整体绩效均高于军工企业，特别是通用性最高的军事工业电子行业相关领域，民口企业的市场绩效高出 50% 以上，这说明民口企业在生产成本的控制和技术创新领域的效率明显比军工企业高。

（2）军民通用性较低的专业领域市场绩效对比。对于军事工业一些特殊的领域，例如火炸药与火工品领域，民口企业进入较少，按照市场绩效的统计方法样本较少，且市场份额不高，不具备统计意义。因此我们选择跟这些领域相近的民用相关行业领域的市场绩效进行对比分析，由于这些专业领域的军用创新涉及国防专利，无法查到相关数据，故市场绩效的统计方法采用资源配置效率一个衡量指标，结果如表 3 - 15 所示。

表 3 – 15　　　　　　　　　　2017 年通用性较低的军事工业有关专业领域的
市场绩效比较结果

军用专业领域	主要军工企业			民用专业领域	市场绩效
	军工企业（数量）	亏损（数量）	市场绩效		
火炸药与火工品	15	12	– 1.6	民用爆破	4.0
空间飞行器	22	6	2.6	卫星相关设备	7.4
燃气轮机	13	0	0.9	船舶动力设备	2.8
海洋防务装备	12	1	7.4	海洋运输装备	3.4
单兵武器	25	11	– 0.8	警用装备	3.7

资料来源：根据国家统计局数据和上市公司财务数据整理。

从表 3 – 15 的数据统计分析中看出，除了海洋装备领域①，与军事工业专业相关的民用专业领域的市场绩效也都相对较高。这说明在一些少量或尚未有民口企业进入的军事工业专业领域，企业生产效率依然低于类似的民用行业。

（3）军民工业信息化技术发展对比。从微观角度对市场绩效进行对比后，我们继续从宏观技术进步的角度对军民工业所处的发展阶段进行对比。进入 21 世纪以来，军事作战需求更多地依靠信息化，军事工业的发展也离不开信息化技术的运用。很多民口企业在微电子、软件和新材料领域的发展都领先于传统的军工企业，在市场化竞争的推动下，发展阶段已经超过军工企业（见表 3 – 16）。

表 3 – 16　　　　　军事工业与民用工业在信息化技术发展阶段的对比

重点领域	军事工业	民用工业
工业互联网	单项应用与综合集成阶段	云服务阶段
智能制造	离散型、流程型	网络协同、大规模个性定制、远程运行维护
自动化	数控机床	工业机器人、增材制造

---

①　海洋装备领域的民用市场近年出现较大的波动，军用市场相对比较封闭，因此市场绩效相对较高。

续表

重点领域	军事工业	民用工业
信息通信	传统网络	高性能网络、智能联网
工业软件	单一制造控制系统	柔性制造系统
新材料制备	传统化工合成	先进熔炼、凝固成型、气相沉积、型材加工、高效合成

资料来源：根据第三方的工业研究报告和《中国制造2025》整理。

通过对军民通用性较高与较低的两类专业领域产品的市场绩效对比发现，民口企业参与的市场绩效均相对较高，说明民口企业为市场带来的活力和效率优势明显；通过军民工业信息化技术发展阶段的对比发现，民口企业所处的技术阶段明显也领先于军工企业。这些结论都表明，引导民口企业进入军事工业，可以改善军事工业的市场结构，加快生产与研发效率，提高军事工业的整体市场绩效。

3.4.2 影响市场绩效的垄断因素分析

引入民口企业，需要打破军工企业的垄断地位。行政"支持"是民口企业难以打破军工企业的经济垄断的原因，在企业生产和研发两个方面都影响竞争的公平性。比较典型的"不对称"因素是影响生产成本的政府投资和军民工业标准差异，以及影响研发投入的技术差距和军用技术成果转化等，这些因素隐藏在市场竞争的过程中，难以直接发现。

1. 政府投资和军民工业标准差异

（1）生产领域中的政府投资。政府对军事工业的固定资产投资，是指为推动军事工业技术进步、扩大生产能力以及满足军事工业相关领域发展需要而进行的厂房、实验室、试验场所和设备设施（可形成固定资产）等投资，一般简称为军事工业的政府投资。政府投资的主要依据是中长期和短期的投资项目规划和计划等。

政府投资会使军工企业与民口企业的初始能力"不对称"。军事需求具有不稳定性的特征，政府需要维持一定的军品生产能力，以满足未来对武器系统的应急需要。单纯依靠企业的投资建立的军品生产能力，难以形成国家安全力量的底线保障。因此，政府必然会对军品生产的专用性资产进行投资，给予企业部分生产能力。按照军品生产能力保障要求，我国政府对军品生产企业进行固定资产投资，以项目建设的方式帮助企业建造厂房和购买生产设备，保障生产条件，可以减少企业相当部分的生产成本。军工企业是政府投资的安全对象，因为这些企业往往具有国有资产背景，政府对其投资将降低决策者的风险，在对政府投资没有任何激励和惩罚的条件下，军工企业将会是获得初始能力建设投资的不二人选。而民口企业股权成分复杂，政府投资风险巨大，可能会引发国有资产流失，参与投资的官员存在道德风险，因此，民口企业往往很难申请获得固定资产的资助。

（2）生产领域中的军民工业标准差异。我国军用工业标准和民用工业标准分别由国家和军队的标准化管理部门进行管理。国家标准化工作在政府体系内实行统一管理与分工负责相结合的管理体制。国家标准委由国务院授权履行行政管理职能，统一管理全国标准化工作，对国家工业标准统一立项、审查、编号和发布，并负责指导行业和地方标准化工作及备案行业标准和地方标准。军用标准化工作在军队体系内实行统一管理和分工负责的管理体制。总装备部归口管理全国军用标准化工作，行业军用标准和部门军用标准在总装备部的统一指导下，由军队及其相关部门组织制定。2016 年总装备部在军队改革过程中改为装备发展部，仍然负责上述国家军标管理。

军民工业标准差异会使军工企业与民口企业的生产效率"不对称"。长期以来，国家标准和军用标准的对象和范围上存在差异，在标准化工作中军地双方交集很少，加之军用工业标准的保密性及其不宜获取的特点，为民口企业进入军事工业筑起了一道无形"屏障"。民口企业基本是以民用标准、规范为依据设计生产配套产品。占据垄断地位的军工企业会利用标准的差距，获得竞争的优势，让民口企业在生产中的需要另设生产线，或者将生产线进行改造，投入更多的成本。

2. 技术差距和军用技术成果转化率

（1）研发领域的初始技术能力差距。军工企业与民口企业之间存在着初始技术能力的差距，这种差距主要体现在军事工业领域的研发能力上。在军事工业领域，军工企业起步早，接触行业的时间长，积累的技术经验丰富。同时国家长期对军工企业注入大量资源，并提供政策优惠，使军工企业在军事工业各个产业链层级都有充足的人力物力财力资源，拥有很多技术力量，在市场竞争中占据着优势地位。

初始技术能力差距会使军工企业与民口企业的研发资源"不对称"。军工企业特有的研发资源优势主要体现在三个方面：一是基础能力方面，军工企业独享大量的国防科技重点实验室、国防重点学科实验室和国防科技工业创新中心，这些科技创新基地和设备设施等资源是研发活动的重要支撑力量；二是重大试验设施方面，武器装备的研发成果需要特殊的环境和场所进行试验，这些试验场所需要大量的空间与保护措施，在土地资源紧张的局面下，试验场所不能重复建设，而且固定投入资本大，军工企业拥有这些军事工业试验器材和场所的优先使用和管理权；三是技术基础资源方面，包括信息检索、计量资源、军工鉴定、试验能力等，经过国家长期的扶持，军工企业相对民口企业而言，都具有先天的优势。

（2）研发领域的军用技术成果转化率。我国军事工业经过多年来的集中投入与发展，积累了大量先进的技术成果，这些成果由国家投资完成，但长期"沉睡"，很少部分被转化和再利用，造成资源的浪费。军用技术成果不能及时转化或者转化率不高，导致民口企业参与军事工业的研发中技术信息获取量少，增加了重复研发，加大了研发投入。

军用技术成果转化率不高会使军工企业与民口企业的技术溢出"不对称"。军用技术成果主要集中在军工企业手中。军事工业开放竞争后，军工企业意识到行政垄断将被打破，均不愿意主动分享技术成果，因此通过军工企业的成果转化机构统一收集成果进行转化比较困难。对于成熟度较高的技术成果，军工企业都想自己独自利用，不愿拿出来，真正拿出来给专业的成果转化服务机构的都是难以转化或者不能直接转化的成果，导致成果转化成功率不高。

3.4.3 垄断因素对市场绩效的实证分析

前面分析了政府投资、军民工业标准差异、技术差距和军用技术成果转化率会影响军事工业生产和研发领域竞争的公平性，但并未从数理上予以证实，为了检验上述四种行政"支持"对军工企业与民口企业之间的竞争产生影响的真实性，本节采用计量模型对历史数据进行回归分析，验证军工企业是否依靠行政"支持"在军事工业生产和研发领域取得竞争优势。

1. 变量和数据的选择

考虑到数据的真实性以及数据的可获取性，这里采用我国涉及生产和研发军事工业基础制造领域相关产品的（涉及核工业的军工企业除外）86 家上市公司 2000 年到 2016 年的数据，以及政府固定资产投资、国家军标（含军工行业标准）① 和国家标准、企业与军事工业专业领域相关的专利数量、企业的高级科研人员数量和国防专利成果转化的数量比例等公开数据进行计量分析。所采用的数据来源于《中国统计年鉴》《中国工业统计年鉴》《国家军用标准目录》《国家标准目录》、国家标准全文公开系统、国家知识专利产权局和 Wind 企业数据。国防专利成果转化的数量比较难获得，因此采用每年的转化比例计算，数据通过公开网络中的新闻报道提及的信息收集整理。

2. 数据处理

由于公开的与军事工业相关的数据并不完全，为更好地讨论这些因素对市场竞争的影响，缩小采用的部分数据与实际情况的差异，对数据做出如下处理：

（1）对现有的统计年鉴，按主要行业对全社会的工业固定资产投资进行了统计，其中制造业的数据既包含了军事工业的数据，也涵盖了其他制造类企业的数据，按照军事工业十大军工集团涉及的主要产业类别在整个制造业中的比例进行了折算，得出政府投资的数据。

（2）将军民工业标准差异的影响用军民工业标准的比较值来反映，军工标准越少，则表示更多的军品生产转向使用了国家标准。将军工标准与国家标准的有效使用数量做出对比，用来反映军民工业标准的差异化程度情况。

（3）技术差距用于军事工业相关专业领域的专利累计量和企业现有的高级科研技术人员数量来衡量。专利累计量和高级科研技术人员数量的数据做去单位化处理。

（4）对军品收入的数据用民品数据等比例折算。上市的军工企业公开的军品数据不完整，因此利用企业的民用产品数据反推得出军用产品的数据，按照目前世界百强军工企业的数据来看：2002～2015 年世界军工企业总体民品收入保

---

① 国家军标全称是国家军用标准。我国的武器装备订货和研制生产，一直是采用国军标和航天、航空、船舶、兵器、军事电子等军工行业标准进行管理。

持在60%～75%[①]，美国军工巨头的民品比重基本保持在70%，欧洲军工企业民品比重约80%，俄罗斯的军工企业民品收入占企业总收入的50%左右，我国军工企业民品产值比重大体保持在70%～80%（毕京京，2015）。据此，按固定的比例得出军工企业的军品收入数据。

（5）按照上市公司的实际控制人来划分军工企业和民口企业，实际控制人为十大军工集团公司的作为军工企业，实际控制人为自然人或者其他国有企业的，作为民口企业。

（6）按照我国国防白皮书显示，我国军费开支中军事装备总支出约占军费比重的1/3，由此根据军费年开支获得军事装备的支出数据，再以企业生产的军事工业相关领域产品的产值在整个军事装备开支中的占有率，作为军事工业生产领域市场集中度的数据。

3. 回归模型与结果

实证分析力求找出政府投资、军民工业标准差异与企业营业收入之间的关系，以及找出技术差距、军用技术成果转化率与企业研发投入之间的关系，对前文分析的结论进行验证。使用2000～2016年共17年的年度时间序列数据，将军民工业标准差异度（$difference$）、政府投资（$invest$）、技术差距（gap）、军用技术成果转化率（$conversion\_rate$）、武器装备支出（m）、40家上市军工企业的主营业务收入（J_income）和研发支出（J_cost）、46家生产军工产品的上市民口企业主营业务收入（M_income）和研发投入（M_cost）构建一个面板数据模型。由于86家上市军工企业的上市时间不同，数据可得性不同，各公司数据的时间期限不同，因此构建一个非平衡面板数据模型，来分析政府投资和军民工业标准差异度对军工企业营业收入的影响和技术差距、军用技术成果转化率对企业研发投入的影响。设定模型 I 如下：

$$J\_income_{it} = c_1 + \alpha_1 difference_{it} + \alpha_2 invest_{it} + \alpha_3 m_{it} + \mu_1$$

$$J\_cost_{it} = c_2 + \alpha_4 gap + \alpha_5 conversion\_rate + \alpha_6 m_{it} + \mu_2$$

$$M\_income_{it} = c_3 + \beta_1 difference_{it} + \beta_2 invest_{it} + \beta_3 m_{it} + \mu_3$$

$$M\_cost_{it} = c_4 + \beta_4 gap + \beta_5 conversion\_rate + \beta_6 m_{it} + \mu_4$$

---

① 美国 defensenews 网站，2003～2016 年世界军工百强企业排行榜。

其中：军民工业标准差异度 *difference* = 国军标数量/国家标准数量。

该指标越小，表明国军标数量独立于国家标准数量之外的数量越少，则军民工业标准差异度越低。

获取的样本总量为 1462 个，涉及 7378 个数据。为了增加数据的平稳性，首先对营业收入、研发收入、政府投资和武器装备支出的数据取自然对数。经过检验，设定的模型中所使用的数据是协整的，且适合使用固定效应模型。模型 I 的估计结果如表 3 – 17 所示。

表 3 – 17　　　　　　"不对称"因素对市场份额和研发投入的
影响结果分析（模型 I ）

变量	J_income	M_income	J_cost	M_cost
difference	– 0. 0749 * (6. 709)	0. 0503 * (5. 208)		
invest	0. 4249 (3. 215)	– 0. 4384 * (2. 441)		
gap			0. 1766 (3. 078)	– 0. 2296 * (6. 182)
conversion_rate			– 0. 0399 * (4. 265)	0. 3043 * (1. 268)
m	0. 1959 * (2. 303)	0. 0773 ** (4. 518)	0. 0303 * (8. 651)	0. 0237 (6. 382)
c	– 0. 3846 ** (2. 605)	– 1. 3798 * (2. 084)	2. 605151 * (3. 025)	0. 0108 (4. 651)

R-squared	0.9129	Adjusted R-squared	0.9005

注：*、** 分别表示在 10%、5% 水平上显著，括号中显示 *t* 统计量值。

表 3 – 17 报告了以主营收入和研发投入为因变量的估计结果。从结果看，整体看对主营收入和研发投入的参数估计是显著的，但个别参数的显著性不高，特别是在政府投资和技术差距的参数估计还存在不显著的参数。考虑主营收入与研发投入之间可能存在关系，因此改变设定模型再进行估计。设定模型 II 如下：

$$J\_income_{it} = c_1 + \alpha_1 difference_{it} + \alpha_2 invest_{it} + \alpha_3 m_{it} + \gamma_1 J\_cost_{it} + \mu_1$$

$$J\_cost_{it} = c_2 + \alpha_4 gap + \alpha_5 conversion\_rate + \alpha_6 m_{it} + \gamma_2 J\_income_{it} + \mu_2$$

$$M\_income_{it} = c_3 + \beta_1 difference_{it} + \beta_2 invest_{it} + \beta_3 m_{it} + \gamma_3 M\_cost_{it} + \mu_3$$

$$M\_cost_{it} = c_4 + \beta_4 gap + \beta_5 conversion\_rate + \beta_6 m_{it} + \gamma_4 M\_income_{it} + \mu_4$$

采用模型Ⅱ重新估计的结果如表 3 – 18 所示。

表 3 – 18　　　　　"不对称"因素对市场份额和研发投入的
影响结果分析（模型Ⅱ）

变量	J_income	M_income	J_cost	M_cost
difference	− 0. 0389 *** (8. 413)	0. 0612 *** (9. 568)		
invest	0. 7712 ** (5. 003)	− 1. 639 ** (4. 577)		
gap			0. 2459 ** (2. 832)	− 2. 9943 *** (1. 339)
J_cost	1. 3927 * (3. 557)			
M_cost		0. 7876 * (1. 012)		
J_income			0. 3567 ** (2. 690)	
M_income				2. 0691 ** (1. 012)
conversion_rate			− 1. 6347 ** (5. 996)	1. 9340 ** (0. 189)
m	0. 7546 * (7. 514)	1. 2259 ** (8. 965)	1. 7790 * (4. 600)	2. 6895 *** (7. 142)
c	− 0. 0025 *** (5. 605)	− 0. 9627 (2. 084)	0. 9965 * (1. 002)	1. 5032 * (8. 431)
R-squared	0. 8735		Adjusted R-squared	0. 8524

注：*、** 和 *** 分别表示在 10%、5% 和 1% 水平上显著，括号中显示 t 统计量值。

从表 3 - 18 的报告结果看，参数估计的显著性有较大的提升。回归结果显示政府投资和军民工业标准差异对市场份额有显著影响，进而影响市场集中度；技术差距和军用技术成果转化率对研发投入有显著影响，进而影响军工企业与民口企业的研发竞争。

4. 实证结果分析

实证结果可以看出，随着政府投资的上升，军工企业的主营收入增加，民口企业的主营收入减少；军民工业标准差异度变大，军工企业的主营收入减少，民口企业的主营收入增加。这表示增加政府投资会增加军工企业生产的产品数量，减少民口企业生产的产品数量，即意味着民口企业的部分生产订单被军工企业获得，市场集中度增加。但奇怪的是，军民工业标准差异度越大，军工企业生产的产品数量越大，民口企业生产的产品数量越小，意味着减小军民工业标准差异度会使更多的民口企业失去生产订单，市场集中度也在增加。从参数的数值上看，政府投资对军工企业和民口企业在生产领域竞争的影响程度远大于军民工业标准差异的影响，影响的效果差距较大。

实证结果还可看出，军工企业与民口企业之间的技术差距会增加军工企业的研发投入，同时减少民口企业的研发投入，通过系数比较发现，对民口企业的研发投入影响远大于军工企业；同样，军用技术成果转化率会增加军工企业的研发投入，同时减少民口企业的研发投入，但从系数比较上看，增减速度的绝对值在同一量级上，差别不大。

据此可以得出结论。实证分析论证了"不对称"因素对军事工业的市场绩效存在影响，但与已有分析并不具有完全一致性的结果。其中，与现有结论一致的是政府投资会增加市场集中度，技术差距和军用技术成果转化率会增加军工企业的研发投入并同时降低民口企业的研发投入。不一致的结论是，减小军民工业标准差异，同样也会增加市场集中度。从以上的实证结果中得到需要进一步研究和解释的问题，具体而言：

（1）政府投资与市场集中度正相关，意味着政府对军工企业的投资给生产领域的竞争带来了负面影响。现实中的解释是，我国现有的军工企业依然存在着"等靠要"的计划经济思想，但由于政府投资的资金有限，随着国家推行的经济转型改革，政府为了减轻压力，直接投资到军工企业的资金会越来越少。目前已经在武器装备生产的配套产品部分，大量军工企业由于减少了政府投资而失去了垄断地位，但这些企业中，也出现了一些"特殊"的现象：当这些在竞争中大量失去生产订单的企业一旦得到政府的资金支持，能在较短的时间内继续回到优势地位中去，夺回生产订单。因此，我们可以认为，政府投资为军工企业在生产领域的竞争提供了优势，助长其继续维持原有的垄断格局。接踵而来的问题是：政府对军工企业的投资加大了民口企业的实际进入门槛，使军工企业在市场中获得更多的生产订单，但政府投资如何为军工企业在生产领域的竞争提供先天的策略优势？军工企业是如何利用政府投资在竞争中处于战略优势地位，并将民口企业挤出市场的呢？

（2）军民工业标准差异与市场集中度负相关，意味着减小军民工业标准的差异对生产领域的竞争带来了负面影响。这与作者的一些调研结论相悖：调研发现，军民工业标准差异为军工企业垄断市场设置了"隐形门"，给出的理由是用于生产武器装备的基础制造领域产品差异性较小，军民工业标准的不一致使民口企业的生产成本增加，盈利能力减弱，从而退出市场，导致市场集中度增加、趋于垄断。调研还发现，市场集中度降低，意味着军工企业面临着更多民口企业的竞争，这时军工企业会根据自身的优势，主动扩张军工的标准数量，以控制民口企业的盈利空间，从而降低自身面临的竞争压力。调研也发现一些典型的案例论证，指出我国的军工集团公司由原政府部门转型而来，每个领域都有各自的标准化研究所，制定了航天、航空、船舶、兵器和电子等军工行业的绝大部分标准。无独有偶，从标准的发布和修订进度来看，与军工企业获得的生产订单增长呈同向变化趋势，这意味着军工集团公司利用独立于国家标准外来制定军工生产标准的优势，为旗下的军工企业获取垄断地位提供了帮助，军民工业标准差异增大实质上对民口企业进入军事工业生产领域产生了负面的影响。同时，一些现实中的政策表现却可以对上述的实证结果给予支撑：政府积极推进军民工业标准的统一，但从目前政策实施的效果上来看却并不明显，甚至在一些军工生产领域还出现了"民参军"积极性回退的现象。

（3）技术差距和军用技术成果转化率与军工企业的研发投入正相关，与民口企业的研发投入负相关，意味着技术差距和军用技术成果转化率给研发领域引入民口企业参与竞争带来了负面影响。虽然技术差距和军用技术成果转化率会一定程度地激发军工企业增大研发投入，但从影响的程度上看，对民口企业参与军事工业的研发投入影响更大。从另一个方面看，在市场绩效的分析中已经证实民口企业的研发效率较军工企业有优势，减少其在军事工业的研发投入，意味着高效的研发能力没有为军事工业的整体效率提升作出贡献，会拉低军事工业的研发总效率。从现实中的也发现，我国军事工业开放一段时间了，但进入的民口企业大多只是简单地复制生产军工企业的产品，在产品的创新上并不多见。在一些产品的生产上，甚至成为军工企业的代工厂，只是简单地接受生产订单，而在研发和更新技术、提高生产工艺上并没有明显的进步。

本章小结

本章通过对军事工业产业特征的分析，找出了推进军民融合时期产业链、产品和市场的变化；基于这个变化的冲击，对军事工业基础制造领域市场结构进行分析，论证了军事工业出现的经济垄断；根据市场结构的变化对军事工业的市场行为分析，发现成本竞争和研发竞争是现阶段市场竞争行为的主要方式；通过对这些市场行为作用下的军事工业市场绩效进行分析，并对比于同类别的民用市场，发现军事工业的市场绩效存在较大的差距。

本章研究了推进军民融合时期的军事工业的产业特征，包括产业链、产品和市场三个方面。在产业链方面，提出我国军事工业产业链由"两级桶型"结构逐渐转变为"三级倒锥形"结构，现阶段的"三级倒锥形"顶大底小的不稳定结构使自下而上的产品供给失衡，存在着创新不足的困难，应引入民口企业来补充和扩大市场主体，形成现代军事工业高效的"三级金字塔"体系结构。在产品特征方面，提出依据对国家安全的重要程度，军事工业的产品可分为战略总体领域和基础制造领域产品，且基础制造领域产品范围在逐步扩大。在市场性质方面，由于产品特征使军事工业的市场竞争具有二元化的性质，一方面是战略总体领域产品的有限竞争，另一方面是基础制造领域产品的开放竞争。

本章还研究了军事工业的市场结构。基于对军事工业产业特征的分析，利用行业集中度指数和赫尔芬达尔—赫希曼指数测度了军事工业相关专业领域的市场集中度，认为军事工业基础制造领域产品的市场结构是高度垄断的，且企业规模和市场份额都显示垄断者为军工企业，民口企业的市场份额较小。分析了军事工业的产品差异性，认为由于武器装备经过定型后的同质性较高，其产品的差异性主要体现在产品质量和供货能力的稳定性上。分析了军事工业的进出壁垒，认为资质壁垒、技术经验壁垒、工艺装备壁垒、先入壁垒和规模壁垒是构成军事工业的主要进出壁垒。

本章研究了军事工业的市场行为。对军事工业的市场主体进行了分析，认为市场主体分为军工企业和民口企业两类，军工企业包括中央军工集团公司、地方军工集团公司和"老三线"军工企业，在产业链中处于中下游，民口企业则主要是中上游企业。军事工业主要的市场竞争行为分两类，一类是价格竞争行为，主要体现在有限需求空间里进行成本竞争，另一类是非价格竞争行为，主要体现在为了降低成本而进行的研发竞争上。

　　本章研究了军事工业基础制造领域的市场绩效。通过资源配置效率和技术创新效率两个指标，分别从军民通用性较强和不高的两个专业领域衡量了当前军事工业的市场绩效，认为军事工业整体市场绩效相比于民用相关领域市场绩效偏低。进一步分析了影响市场绩效的因素，认为政府投资、军民工业标准差异、技术差距和军用技术成果转化率是阻碍民口企业进入、提高军事工业市场绩效的关键因素，并通过实证研究对这一结论进行了检验。这些因素是如何影响企业的市场行为和竞争策略，政府制定的调控政策为什么达不到预期目标？下面将基于市场竞争的角度对这些问题展开研究，从理论上阐明问题根源所在以及解释当前政策效果不佳的原因。

第 4 章　军事工业生产领域的竞争：政府投资、军民工业标准差异

为提升军事工业的市场绩效，消除"不对称"因素对市场公平竞争造成的影响，才能引导更多高水平的民口企业参与竞争，提高军事工业的生产效率。民口企业进入军事工业生产领域参与竞争，受到政府投资和军民工业标准差异两个"不对称"因素的困扰。这两个因素是如何影响军民企业公平竞争的，怎样消除这种"不对称"因素，找到打破军工企业经济垄断的有效手段，是需要研究的重要问题。本章重点关注政府投资和军民工业标准差异两个"不对称"因素，针对军事工业生产领域"民参军"的现状与主要问题，通过构建博弈模型，分析政府投资如何阻止不同竞争水平的民口企业进入市场，以及军民工业标准差异对这类阻止行为的影响；最后给出促进更多高水平民口企业进入军事工业生产领域进行公平竞争的政策建议。

4.1　生产领域的"民参军"竞争现状

随着国际地位的不断提升，我国承担的国际事务越来越多，履行的大国责任越来越重，需要强大的军事力量作为支撑。军事装备是构成军事力量的重要组成部分，军事工业是推动军事装备快速发展的重要力量。近年来，我国军事工业的需求迅速增长，其产值年均增长速度均高于民用工业 4~5 个百分点，市场空间急剧扩大。历史上由于军事工业生产领域的开放程度不高，一直被军工企业所垄断，民口企业进入量很少，而前者在政府的行政管制和天然保护下，缺乏竞争压力，企业活力不足，资源配置效率低下，产能潜力开发远远不

足。为解决困境，在军民融合发展的大战略部署下，政府制定了进一步扩大军事工业生产开放的规划①，要求打破军工和民品界限，积极鼓励民口企业参与军事工业生产领域的竞争，将民口企业的产能用于军事工业的生产，以提升军事装备的生产效率。

推动更多高水平的民口企业参与军事工业生产领域竞争，提高武器装备生产的效率，是贯彻落实军民融合发展战略的重要举措，对形成全要素、多领域、高效益的军民融合深度发展格局具有重要意义。近年来，政府出台实施了一系列政策文件，显著改善了"民参军"的环境，民口企业参与军事工业生产的行政壁垒基本消除。但目前的统计数据②反映出民口企业参与军事工业生产领域的竞争仍然不充分，虽然我国拥有武器装备科研生产许可证的企业中民口企业约占 2/3，但参与生产的武器装备项目却较少；在拥有武器装备科研生产许可的约 1800 余家民口企业中，实际获得武器装备生产订单的企业不多，大量的民口企业并未实际参与到军事工业生产领域的竞争中来。统计数据表明，在开放竞争的军事工业生产领域，军工企业仍然占据了超过 80% 的市场份额，特别是在涉及高科技的军事航天产业和军事航空产业，民口企业虽然实现了产出的高速增长，但其规模仍仅占航天军工企业产出的 2% 和航空军工企业产出的 5%。这些数据反映，民口企业在军事工业生产领域的整体规模还依然较小，军工企业事实上仍拥有巨大的市场势力，甚至在某些领域近乎完全垄断。因此，切实推进军民深度融合发展战略，亟待研究和破解去除政策歧视和行政壁垒后民口企业仍存在着的进入军事工业生产领域"入门难"困境。

第 3 章的实证分析证明，政府投资和军民工业标准的差异影响军事工业生产领域竞争的公平性。但军工企业是如何利用政府投资阻止民口企业进入军事工业生产领域的？军民工业标准差异又是如何影响军工企业与民口企业的竞争？怎样才能通过政策引导促进更多的民口企业进入军事工业生产领域？本章运用经济学理论展开深入分析。

---

① 国家在《关于推动国防科技工业军民深度融合发展的意见》中指出，军品要形成"小核心、大协作、专业化、开放型"的生产体系，除核心能力的军事装备外，其他重要和一般的军事装备都要发挥市场机制作用，通过促进竞争来提高生产效率。

② 全军武器装备采购信息网，http：www. weain. mil. cn/。

4.2　基于对掠夺性行为描述的经济学模型

4.2.1　军工企业在生产领域的竞争优势

1. 行政"支持"之一：优先获取政府投资

由于军事工业的资产具有专用性和高风险性的特征（M. Kaldor，1981），军事工业的政府投资与一般的自然垄断行业不一样，需要持续不断的投资来维持基本的国防力量，且不以收益为目标。同时，军事需求还具有不稳定性的特点，国家需要维持一定的军品生产能力，以满足未来对武器系统的应急需要。而军品投资往往回报率很低，加上严格的保密审查，信息披露困难，难以获得社会资本的青睐，因此，政府必须对军品生产的专用性资产进行投资，给予企业部分生产能力。如前所述，按照军品生产能力保障要求，迄今为止我国政府对军品生产企业进行资产投资，以项目建设的方式帮助企业建造厂房和购买生产设备，保障生产条件，减少了企业相当部分的生产成本。目前，政府按照历史惯性仅选择军工企业作为投资对象，民口企业往往很难申请并获得固定资产的政府投资。

2. 行政"支持"之二：独立于国家标准体系之外制定工业标准

军工标准和国家标准在对象和范围上存在差异，造成了军工标准自成体系，相对独立，其管理体制、运行机制和标准化目的都与国家标准有着明显差异。标准的差异导致产品生产过程中存在衔接缺口，造成诸如标准冗余、互不兼容等很多问题。当前，我国一些军工标准相对滞后于国家标准，且制定权被独立掌握在军工企业手中，给军事工业生产领域吸纳民用产能设置了不必要的"门槛"，为民口企业进入军事工业生产领域筑起了一道无形"屏障"。民口企业基本是以国家标准规范为依据生产产品，军工标准的相对独立，给民口企业参与军事工业生产领域竞争带来诸多不便，影响了它们进入的积极性，加剧了军品的故步自封，并造成军工产品生产成本居高不下。军工企业利用标准的差异获得了竞争的优势，而民口企业若进入军品生产则需要另设生产线，或者将生产线进行改造，投入更多的成本。

4.2.2 模型的运用背景和可行性

在市场竞争中，在位企业威胁并阻止潜在进入企业的行为被称为掠夺性行为（M. Spence，1977），这种行为通常以限制性定价的方式进行实施。但在军事工业，由于价格由军事部门核定，因此，掠夺性行为的实施通常反映在成本的竞争上，在位企业通过对成本的控制，限制对手的利润空间，以达到将其挤出市场的目的。

本节基于迪克西特（A. Dixit，1980）对掠夺性行为进行描述的一个模型，扩展应用到民口企业与军工企业的策略博弈中。迪克西特（1980）的模型描述了在位企业通过先期的产能布局取得生产成本的优势，从而威胁并阻止或者限制潜在进入企业参与竞争的过程，体现了通过成本控制来实施掠夺性行为的一般特征。但与原模型不同，军工企业先期产能布局的原动力来自政府投资，而不是企业的自主行为，并且民口企业在参与竞争的过程中，还受到军民工业标准差异的影响，故将对模型做出合理的扩展，来讨论政府投资如何帮助军工企业阻止和威胁民口企业进入军事工业生产领域，以及军民工业标准差异对这些阻止和威胁行为的影响。

对模型成立的基本背景进行分析。实施掠夺性行为的必要条件是具有策略先行的优势，这在军工企业长期垄断的军事工业生产领域中是存在的，其主要原因在于以下几方面。

（1）军方的采购政策。军品生产存在比其他行业更明显的先入为主的优势特点，军队一旦采购了某型的武器装备，为保证作战体系的完整性和安全性，延续和稳定战斗能力，一般不会轻易更换该型武器装备的供应商，并会在后续的产品升级、技术改进和备件采购中继续依赖已经进入的供应商。因此，供应商及其产品原有的生产体系维系力较强，整个产品链的上下游体系难以打破，体系内的军工企业有提前布局生产能力的先机，除非新入企业具备更优的质量和更低的价格，否则这种先入为主的优势将继续保持下去。

（2）军品的生产计划。军品的需求与军事能力的建设密切相关，各国都是根据军事战略方向和目标来确定未来一段时间武器装备的需求种类和数量。我国也是根据需求变化调整军品生产能力结构，明确规划一定时期内重点发展的项目和装备订货计划。规划由多个部门协商后经国家审定，宏观上不会有大的调整。武器装备发展规划的制定是一项复杂的工程，制定者需要了解国内装备研制、生产能力和技术储备情况、前沿技术的发展趋势，完成这些工作需要大量的组织、论证、协调工作，消耗大量的时间和精力。政府官员在制定过程中很大程度上需要依赖有关方面的专家学者，或者是有经验的工程师来完成这些技术层面的工作。军工企业会利用历史惯性和体制优势，积极举荐本企业科学家和工程师参与规划的制定工作，甚至在国家规划工作启动之前，就组织大量的技术人员为规划的制定准备充足的材料，推荐本企业的专家学者参与规划论证，同时与军方保持良好的沟通，使其能够充分了解企业产品和核心技术。军工企业在降低政府的决策成本并帮助国家拟制规划的过程中，有利于将自身发展的优势布局在规划中，使自己在竞争中制定策略占领了先机，影响未来的生产订单。

这些先行决策条件，使军工企业有较大的时间优势来实施掠夺性行为，利用政府投资的产能来阻止潜在的民口企业进入军事工业生产领域。

4.2.3　模型的假设和扩展

对基本模型的扩展，借鉴吉尔伯特（R. J. Gilbert, 1988）对成本控制下的掠夺性行为的处理方法[①]，采用在斯塔克尔伯格领导者模型（stackelberg leadership model）的基础上，用产量替代价格来解释军品生产领域的掠夺性行为。同样，用序贯博弈来描述军工企业与民口企业动态竞争的过程，第一阶段军工企业提前行动布局产能[②]，第二阶段进行产量博弈。

1. 模型变量

q_1 和 q_2 分别代表军工企业和民口企业的生产数量；A 为武器装备的需求总量；θ 为执行军民工业标准不一致带来的产量影响因子；ω 为企业生产每单位产

---

① 吉尔伯特认为厂商领导者是可以优先选择产量的，并假设产量决策会极大地影响市场价格。结果表明，在位厂商通过选择产量，可以使市场价格正好和进入者的平均成本相等，使潜在进入者失去进入市场的利润动机。

② 产能是指在位企业事先进行无法撤销的投资所获得的最大产量的生产能力，属于沉没成本的一部分。

品时需要投入的劳动力；γ 为企业生产每单位产品时需要投入的资本；C 为企业的总成本；S 为企业的交易成本，对市场的调研和对产品的推广等产生的费用；V 为企业的可变成本，生产每单位产品的直接成本，与企业第二阶段的产量竞争有关；F 为企业的固定成本，企业在第一阶段获得的政府投资，与企业第一阶段的产能布局有关；K 为政府投资支持建设的产能，这些产能最大限度可以生产产量为 K 的产品。

2. 模型假设

（1）市场是允许民口企业进入的一般军品市场，没有行政壁垒，企业的沉没成本较小，进出和退出都相对自由。

（2）市场上存在两类企业，一类是可以获得行政"支持"的军工企业，另一类是准备进入军品市场的不同竞争水平的民口企业。

（3）军工企业具有信息优势，在军方采购政策和军品生产计划中占优势，对产能的布局有提前行动的能力。民口企业在前期没有提前行动的信息，但可以观察到军工企业进行的前期产能投入。

（4）军工企业可以获得政府的投资支持，民口企业不能获得政府的投资支持。

（5）企业按照原有工业标准进行生产的效率高，改变标准进行生产会出现不合格产品，降低生产效率。

3. 模型扩展

由于军品市场中大多是已经定型的武器装备，生产中不允许更改设计内容，因此军品的生产可以视为同质产品，市场的反需求函数为：$P = A - B (q_1 + q_2)$。根据假设（5）用企业生产效率的变化来体现军民工业标准的差异程度，将军民工业标准差异的影响引入到模型中。基于鲍利（A. L. Bowley，1924）经典的差异化模型的思想，调整反需求函数为：$P_{ij} = A - B (q_i + \theta q_j)$，其中，$i，j = 1，2$；$i \neq j$，$\theta$ 取值范围为 $0 \leq \theta \leq 1$。当 $\theta = 0$ 时，表示军民工业标准完全不一致，企业无法利用已有设备在对方要求的标准下生产出合格产品；当 $\theta = 1$ 时，表示军民工业标准完全相同，军工企业与民口企业同等条件下的产量相同；当 $0 < \theta < 1$ 时，表示军民工业标准部分相同，企业可以利用已有设备在对方要求的标准下生

产出部分合格产品①。

企业生产需要投入三个部分的成本，分别是固定成本（F）、可变成本（V）和沉没成本（S）。其中，军工企业和民口企业生产单位产品均需要投入相同的可变成本 $V_i(q_i) = (\omega + \gamma)q_i$；只有军工企业可以在第一阶段投入固定成本，有 $F = \gamma K_1$；军工企业和民口企业存在不同的沉没成本（S_i）。

对于军工企业，因为有第一阶段先期产能投资带来的固定成本投入，所以在第二阶段的市场竞争中可变成本会发生变化。具体而言，当 $q_1 \leqslant K_1$ 时，表示先期投资的产能可以满足产量需要，企业在已经拥有的产能下生产，可变成本 $V_1 = \omega q_1$，但当 $q_1 > K_1$ 时，表示当前产量超出了先期投资的产能水平，需要进一步的投入资本，此时的可变成本 $V_1 = (\omega + \gamma)q_1$。因此，军工企业的成本函数可以表示为：

$$C_1(q_1, q_2, \omega, \gamma, K_1, S_1) = V_1 + F + S_1$$
$$= \begin{cases} S_1 + \omega q_1 + \gamma K_1, q_1 \leqslant K_1 \\ S_1 + (\omega + \gamma)q_1, q_1 > K_1 \end{cases} \quad (4.1)$$

可以看出，当 $q_1 \leqslant K_1$ 时，边际成本为 ω，当 $q_1 > K_1$ 时，边际成本为 $\omega + \gamma$。

对于民口企业，由于第一阶段没有任何产能投资，因此在第二阶段必须同时投入劳动力和资本进行生产，不管产量为多少，边际成本总是 $\omega + \gamma$，S_2 是民口企业的沉没成本，则民口企业的成本函数为：

$$C_2(q_2, \omega, \gamma, S_2) = V_1 + S_2 = S_2 + (\omega + \gamma)q_2 \quad (4.2)$$

军工企业和民口企业的边际成本不同，造成了竞争的优势不同。对于军工企业，只要产量在其产能范围之内，即 $q_1 \leqslant K_1$ 时，它的边际成本为 ω，但民口企业由于没有先行者的优势，不能投资任何产能，它的任何产量的边际成本都是 $\omega + \gamma$，如图 4-1 所示。

---

① 军工企业在生产军品时执行的是军事工业的标准，民口企业在生产军品时按照国家统一制定的民用标准进行生产。在相互配套生产过程中，以下游企业提出的生产标准要求核定产品合格。因此，军民品的工业生产标准差异，将直接影响军工企业和民口企业的生产效率：如果下游企业为军工企业，则执行民用工业生产标准的民口企业生产效率降低；如果下游企业为民口企业，则执行军事工业标准的军工企业生产效率降低。

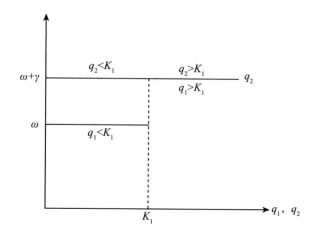

图 4 - 1 军工企业和民口企业的边际成本受政府产能投资的影响

由于产量小于或等于 K_1 时，军工企业的边际成本相对较小，民口企业有理由相信军工企业会至少按照产能 K_1 进行生产，这使军工企业获得的先期产能成为对民口企业产量决策的一种进入威胁。

因此，军工企业目标是通过第一阶段获得的产能投资来控制民口企业的产量，从而阻止其在第二阶段的进入市场，扩展后的产量博弈模型是：

$$\pi_1 = P_{12}q_1 - C_1(q_1, q_2, \omega, \gamma, K_1, S_1)$$
$$\pi_2 = P_{21}q_2 - C_2(q_2, \omega, \gamma, S_2)$$
$$q_1^* = \max_{0 < q_1 < A} \pi_1 \qquad (4.3)$$
$$q_2^* = \max_{0 < q_2 < A} \pi_2$$

4.2.4 模型的子博弈纳什均衡

迪克西特（A. Dixit, 1980）证明了模型是一个两阶段的子博弈精炼纳什均衡，下面试图证明扩展后的模型同样存在子博弈精炼纳什均衡。前面对模型的扩展主要在第二阶段，因此对扩展后的第二阶段博弈进行分析。根据式（4.3）中的利润函数：

$$\pi_1(q_1,q_2,K_1) = \begin{cases} [A - B(q_1 + \theta q_2)]q_1 - (\omega q_1 + S_1), q_1 \leqslant K_1 \\ [A - B(q_1 + \theta q_2)]q_1 - [(\omega + \gamma)q_1 + S_1], q_1 > K_1 \end{cases} \quad (4.4)$$

$$\pi_2(q_1,q_2,K_1) = [A - B(\theta q_1 + q_2)]q_2 - [(\omega + \gamma)q_2 + S_2]$$

利用一阶条件，得出军工企业和民口企业均衡产量的最佳反应函数：

$$\begin{cases} q_1 = \begin{cases} \dfrac{A - \omega}{2B} - \dfrac{\theta q_2}{2}, q_1 \leqslant K_1 \\ \dfrac{(A - \omega - \gamma)}{2B} - \dfrac{\theta q_2}{2}, q_1 > K_1 \end{cases} \\ q_2 = \dfrac{(A - \omega - \gamma)}{2B} - \dfrac{\theta q_1}{2} \end{cases} \quad (4.5)$$

式（4.5）表明，军工企业均衡产量的最佳反应函数在 $q_1 = K_1$ 时有一个跳跃，如图 4 - 2 所示。K_1 是军工企业在第一阶段获得的产能投资，当 $q_1 \leqslant K_1$ 时，均衡产量的最佳反应函数为 H_1H_2，当 $q_1 > K_1$ 时，均衡产量的最佳反应函数为 L_1L_2。

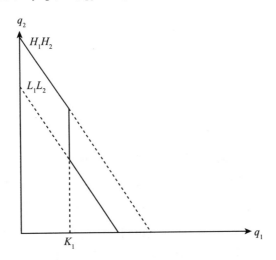

图 4 - 2 军工企业均衡产量的最佳反应函数根据产能投资发生跃迁

将民口企业的均衡产量最佳反应函数 R_1R_2 也在图中表示出来，与军工企业的均衡产量最佳反应函数 H_1H_2、L_1L_2 交于 T 和 N 点，其中 H_1H_2 和 L_1L_2 互相平行，如图 4 - 3 所示。

由于函数中 A 代表整个军品市场的需求值，远大于 ω 和 γ 的数值，故 H_1H_2、L_1L_2 和 R_1R_2 的斜率均为负值，在坐标轴上的截距均为正值，H_1H_2、L_1L_2 和 q_1 轴

的截距分别是 $A - \omega/2B$ 和 $(A - \omega - \gamma)/2B$，R_1R_2 与 q_2 轴的截距是 $(A - \omega - \gamma)/2B$，交点 T 和 N 为均衡产量。军工企业的均衡产量最佳反应函数 H_1H_2 和 L_1L_2 斜率为 $\rho_1 = -\theta/2$，民口企业的均衡产量最佳反应函数 R_1R_2 的斜率为 $\rho_2 = -2/\theta$，因为 $0 \leq \theta \leq 1$，当 θ 逐渐变大时，ρ_1 逐渐变小，ρ_2 逐渐变大，由于 $\rho_1\rho_2 = 1$，则 R_1R_2 一定会与 H_1H_2 和 L_1L_2 相交，且 R_1R_2 与 q_1 轴的夹角 α 与 H_1H_2 和 L_1L_2 与 q_1 轴的夹角 β 互余，即 $\alpha + \beta = 90°$。

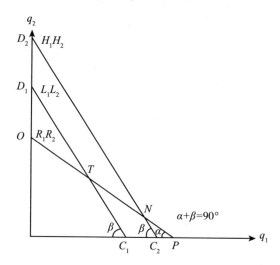

图4-3　军工企业与民口企业的均衡产量最佳反应函数

因此，军工企业和民口企业的最佳反应函数一定会相交，纳什均衡必然存在。由此可以推定，扩展后的模型不会影响原模型的均衡稳定性，军工企业和民口企业之间一定存在子博弈纳什均衡，且是一个精炼纳什均衡①。

从数学意义上分析出模型是子博弈精炼纳什均衡，但还应从经济学上分析其是否具有意义。当第二阶段的产量竞争达到纳什均衡后，民口企业会选择按照纳什均衡产量进行生产，但在经济学意义上仍然有一个理性的前提，就是必须保证其在第二阶段的产量值为非负，且有非负的利润，R_1R_2 才能成为民口企业的最佳反应函数。

在由式（4.4）推出式（4.5）的时候，数学计算中会忽略民口企业的沉没成本 S_2，没有实际考虑其赋予的经济意义，但实际上沉没成本对民口企业的利

---

① 具体证明参见关于纳什均衡的论证，不再赘述。

润是有影响的。具体分析，假如民口企业进入后就变成了垄断厂商，它肯定是能获得正的利润，这时 H_1H_2 和 L_1L_2 在 q_2 轴上的截距表示了民口企业的最佳应对产量，但随着军工企业的产量调整越来越大，民口企业的产量会越来越小，其收益中超过沉没成本 S_2 的部分会随之减少，平均成本会随之增加，利润会逐渐下降。当军工企业的产量 q_1 变得足够大，民口企业的产量空间会被挤压到很小的范围，民口企业的平均成本会增加至超过市场的价格，这时如果将沉没成本 S_2 再考虑进来，民口企业的利润会小于零，意味着其生产会赔本。这种情况下，民口企业的最优选择是不生产，即产量为零，但即使是不生产，由于有沉没成本 S_2 的投入，仍然会使民口企业的利润为负。因此，如果民口企业选择进入市场，则第二阶段的产量一定要大于零。由此推断，它与军工企业的最佳反应函数形成的纳什均衡交点应在第一象限，否则它在第一阶段发现没有利润，在第二阶段将选择不进入军品市场，就不会出现子博弈，也就更谈不上出现纳什均衡。

经过上述的证明和分析，可以得出一个引理：

引理　只有民口企业的利润是非负的，即 $\pi_2 \geqslant 0$，军工企业与民口企业的博弈才会存在子博弈精炼纳什均衡，子博弈的纳什均衡集是其均衡产量最佳反应函数的交集。

4.3　政府投资下的市场竞争行为分析

由引理得出，民口企业在第二阶段决策是否进入军品市场的前提是其利润为非负，而利润的大小由产量决定。那么军工企业在第一阶段选择的产能 K_1 的大小，对民口企业在第二阶段的产量决策的影响，就是阻止民口企业进入市场的原因。因此政府投资为军工企业提供了第一阶段产能 K_1，会间接①影响民口企业在第二阶段的决策。下面具体分析政府投资给军工企业的产能 K_1 如何对民口企业的产量决策产生影响。

由引理可知，子博弈的纳什均衡是军工企业与民口企业均衡产量最佳反应函数的交集，对式（4.4）中 q_1 和 q_2 分别求偏导，令其一阶条件等于零，联合方程组求解得：

---

① 现实中，我国军工企业主观判断自身需要的产能，然后向政府申请产能投资，政府核准后给予资产注入。

$$q_1^N = \frac{\left[(2-\theta)(A-\omega)+\theta\gamma\right]}{(4-\theta^2)B}, q_1 \leqslant K_1$$

$$q_2^N = \frac{\left[(2-\theta)(A-\omega)-2\gamma\right]}{(4-\theta^2)B}, q_1 \leqslant K_1 \qquad (4.6)$$

$$q_1^T = q_2^T = \frac{\left[(2-\theta)(A-\omega-\gamma)\right]}{(4-\theta^2)B}, q_1 > K_1$$

由此得到军工企业与民口企业均衡产量最佳反应函数的两个交点 N 和 T，分别是：当 $q_1 \leqslant K_1$ 时，交点 $N = (q_1^N, q_2^N)$；当 $q_1 > K_1$ 时，交点 $T = (q_1^T, q_2^T)$。其中 H_1H_2 与 R_1R_2 交于 N 点，L_1L_2 与 R_1R_2 交于 T 点，军工企业与民口企业在均衡点 T 和 N 的产量分别是 q_1^T、q_2^T 和 q_1^N、q_2^N，如图 4-4 所示。均衡出现后，当 K_1 变化时，军工企业的最大产量范围是 $q_1^T \leqslant q_1 \leqslant q_1^N$，民口企业的最大产量范围是 $q_2^N \leqslant q_2 \leqslant q_2^T$。

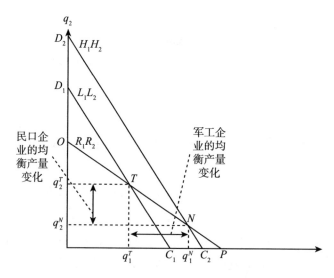

图 4-4 军工企业与民口企业纳什均衡的产量值

4.3.1 军工企业的产能决策

军工企业的决策关键是第一阶段的产能选择，有利的产能布局将在第二阶段阻止民口企业进入。采用逆推法来确定军工企业可能的产能选择范围。在第二阶段，民口企业存在两个选择，要么进入，要么不进入，这两种选择决定了军工企业在第一阶段的产能选择。

如果民口企业选择不进入市场，那么民口企业，一定是认为进入后将无利可图。根据式（4.6）计算，民口企业第二阶段的均衡产量位于 q_2^T 和 q_2^N 之间，因为 $q_2^T > q_2^N$，q_2^T 是民口企业能获得的最大均衡产量，这说明，即使在最有利的纳什均衡产量 q_2^T 处，民口企业也无法获得正的利润，其他更低的产量水平则更加无法实现盈利。如果军工企业预见到民口企业在第二阶段不会进入，那么它将意识到自己成为一个垄断厂商，会完全利用已有产能，此时的边际成本为 $\omega + \gamma$。垄断厂商利润最大化的产量应是在边际成本等于边际收益处进行生产，由 $\partial \pi_1 / \partial \gamma_1 = \omega + \gamma$ 可得军工企业的最大化产量 q_1^M，$q_1^M = (A - \omega - \gamma)/2B$。此时，民口企业的产量为零，$q_1^M$ 正是 $L_1 L_2$ 与 q_1 轴的交点，位于纳什均衡产量 q_1^T 与 q_1^N 之间。因此，得出：如果军工企业预见民口企业在第二阶段不会进入，将会以 q_1^M 的最优产量进行垄断生产。

如果民口企业选择进入市场，由引理可知，纳什均衡是均衡产量最佳反应函数的交集，根据式（4.6）计算，应位于 T 点和 N 点之间，且在民口企业的均衡产量最佳反应函数 $R_1 R_2$ 上。因此，如果军工企业预见民口企业在第二阶段会进入，那么它选择的产量水平肯定不会低于 q_1^T，也不会高于 q_1^N。实际的纳什均衡点取决于军工企业第一阶段的产能选择，这个选择将使军工企业的最佳反应函数 $H_1 H_2$ 向 $L_1 L_2$ 发生跳跃。

至此，首先得出了军工企业在第一阶段的产能选择的范围，根据军工企业对民口企业进入市场的预判分为两种可能，如表 4 - 1 所示。

表 4 - 1　　　　　　　　　　军工企业的产能决策

军工企业对民口企业是否进入市场的预判	军工企业的产能选择
进入	$q_1^T \leqslant K_1 \leqslant q_1^N$
不进入	$K_1 = q_1^M = (A - \omega - \gamma)/2B$

4.3.2　民口企业的竞争水平

军工企业依据民口企业的进入决策来决定自己第一阶段的产能选择，那么民口企业是依据什么选择是否进入市场呢？不同的民口企业具有不同的竞争水平，意味着具有不同的盈利能力，因此民口企业会根据自己的盈亏状况来决定是否进入市场。用点 B 表示民口企业的盈亏平衡点[①]。B 应该位于民口企业的均衡产量最佳反应函数 R_1R_2 上，且一定位于 R_1R_2 与 q_1 轴交点的左侧[②]。将 R_1R_2 分为 OT、TM、MN、NP 四段，分别代表盈亏平衡点 B 可能出现的四种区域，如图 4 – 5 所示。军工企业会根据民口企业不同的盈亏平衡点选择自己在第一阶段的产能 K_1，如图 4 – 6 所示。

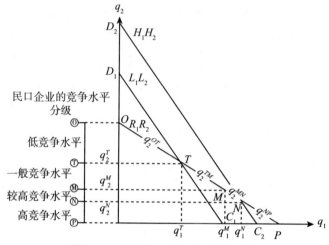

图 4 – 5　民口企业的盈亏平衡点分段

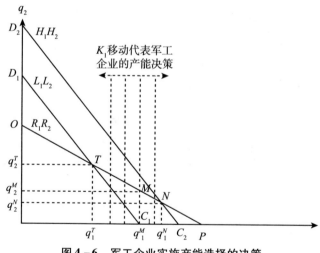

图 4 – 6　军工企业实施产能选择的决策

---

① 在这一点上，民口企业的收益正好等于它的变动成本和固定成本之和，其利润 $\pi_2 = 0$。
② 民口企业进入后，如果什么都不生产（$q_2 = 0$），因为有沉没成本，将不能实现盈亏平衡。

民口企业的盈亏平衡点表示民口企业在该产量下生产的边际利润为零，也就是说民口企业能实现盈利的最大产量，低于这个产量进行生产，将无法实现盈利。实现盈亏平衡的产量越低，表示民口企业的盈利能力越高，即便在低产量下也可以实现盈利。按照盈亏平衡点的分段将民口企业分为不同的竞争水平（见表 4 - 2）。

表 4 - 2　　　　　　　　　　　民口企业的竞争水平分级

民口企业	盈利能力
低竞争水平	不能在 q_2^T 以下产量实现盈亏平衡
一般竞争水平	能在 q_2^T 以下产量实现盈亏平衡，不能在 q_2^M 以下的产量实现盈亏平衡
较高竞争水平	能在 q_2^M 以下产量实现盈亏平衡，不能在 q_2^N 以下的产量实现盈亏平衡
高竞争水平	能在 q_2^N 以下产量实现盈亏平衡

4.3.3　政府投资影响下的企业决策分析

对于不同竞争水平的民口企业，军工企业会在第一阶段选择不同的产能来应对，具体分析如下。

1. 低竞争水平的民口企业

这类民口企业的盈亏平衡点 B 位于 OT 段的区域，即在纳什均衡 T 点的左侧，表示其盈亏平衡点处的产量 q_2^{OT} 大于均衡产量 q_2^T，意味着这类民口企业至少需要 q_2^{OT} 的产量才能实现盈亏平衡，而这个产量高于最大均衡产量 q_2^T，意味着这类民口企业在均衡时不能达到这个产量，无法实现盈利。因此这种情况下，这类民口企业的进入将是无利可图的，它不会选择进入。

军工企业的应对决策：这类民口企业在正常的军品市场竞争中不具备生存能力，即使军工企业没有先行优势，不在第一阶段布局产能，它们也不会选择进入军品市场。因此，根据表 4 - 1 的结论，军工企业预判到这类民口企业不会进入，那么在第一阶段会选择完全垄断的产能水平 q_1^M，并在第二阶段按照 q_1^M 的产量进行垄断生产。

这部分并没有出现军工企业阻止民口企业进入市场的现象，是正常的市场竞争行为。民口企业是因为自身的盈利能力不足主动选择退出市场。政府投资虽然为军工企业提供了第一阶段的产能水平 q_1^M，但这些投资并没有对低竞争水平的民口企业进入军品市场带来影响，因此，得到第一个结论：

命题4.1 政府投资对低竞争水平的民口企业进入军品市场不产生影响，即使没有政府对军工企业的投资，这部分的民口企业也不会选择进入军品市场。

2. 一般竞争水平的民口企业

这类民口企业的盈亏平衡点 B 位于 TM 段的区域，即在纳什均衡 T 点的右侧，垄断产能点 M 的左侧，表示其盈亏平衡点处的产量 q_2^{TM} 小于均衡产量 q_2^T 大于产量 q_2^M，意味着这类民口企业可以在低于最大均衡产量 q_2^T 水平处实现盈亏平衡，但却不能在低于产量 q_2^M 处实现盈亏平衡。这包含了两个方面的意义，一方面，这类民口企业可以在低于最大均衡产量 q_2^T 水平处实现盈亏平衡意味着会选择进入市场，而另一方面，民口企业不能在低于产量 q_2^M 处实现盈亏平衡则意味着民口企业的盈利空间较小。

军工企业的应对决策：这类民口企业在正常的军品市场竞争中是具备生存能力的，如果军工企业没有先行优势，不在第一阶段布局产能，它们将会选择进入军品市场。根据表4-1的结论，军工企业判断民口企业选择进入时，将在第一阶段的选择产能对其进行阻止，选择范围是 $q_1^T \leqslant K_1 \leqslant q_1^N$。在这个范围内，斯塔克尔伯格领导者产量的产能水平 q_1^M 是军工企业的最优选择①，因此军工企业在第一阶段会按照斯塔克尔伯格领导者产量 q_1^M 进行产能选择。

这时可以发现，原本这类民口企业在产量 q_2^{TM} 区域进行生产可以盈利，现在由于军工企业选择 q_1^M 的产量进行生产，自己不得不采用应对产量 q_2^M 进行生产，而在这个产量下生产将无法实现盈亏平衡，于是这部分民口企业会最终选择不进入市场。这时候就出现了阻止现象，政府投资为军工企业提供的先期产能 q_1^M，将会把一般竞争水平的民口企业阻止在市场外。这就是一般竞争水平的民口企业难以进入军品市场的原因，于是可以得到第二个结论：

命题4.2 政府对军工企业的正常投资会阻止一般竞争水平的民口企业进入军品市场。

---

① 当民口企业不选择进入，q_1^M 是垄断产量；当民口企业选择进入，则 q_1^M 就是斯塔克尔伯格领导者产量。

3. 较高竞争水平的民口企业

这类民口企业的盈亏平衡点 B 位于 MN 段的区域，即在垄断产能点 M 的右侧，纳什均衡 N 点的左侧，表示其盈亏平衡点处的产量 q_2^{MN} 小于产量 q_2^M 大于均衡产量 q_2^N，意味着这类民口企业可以在低于产量 q_2^M 水平处实现盈亏平衡，但却不能在低于最小均衡产量 q_2^N 处实现盈亏平衡。这类民口企业的盈利能力已经处于较高的水平，可以在军工企业的斯塔克尔伯格领导者产量 q_1^M 之下获得正的收益。这种情况下，民口企业的理性反应肯定是选择进入市场。

军工企业的应对决策：这类民口企业在正常的军品市场竞争中是具备较强生存能力的，即使军工企业有先行优势，在第一阶段布局产能，它们也将会选择进入军品市场。同样根据表 4 - 1 的结论，对于军工企业来说，当判断民口企业选择进入时，将在第一阶段的选择产能对其进行阻止，选择范围是 $q_1^T \leq K_1 \leq q_1^N$。当然，军工企业肯定不会选择低于 q_1^M 的产量进行生产，因为这样会使它失去市场领导者地位，丢掉斯塔克尔伯格领导者厂商的市场份额和利润，因此，军工企业的产能选择范围缩小到 $q_1^M \leq K_1 \leq q_1^N$。这时军工企业在策略上可以有激进和稳妥两个方案的考虑，一是稳妥方案，它可以继续做斯塔克尔伯格领导者厂商，第一阶段选择初始产能 q_1^M，然后第二阶段按照产能 q_1^M 进行生产，稳妥地获得斯塔克尔伯格领导者厂商的市场份额和利润，而民口企业则选择它的最佳反应产量 q_2^M，分享部分市场份额和利润。二是激进方案，军工企业可以在第一阶段将初始产能扩张到 q_1^{M+}（ $q_1^M \leq q_1^{M+} \leq q_1^N$），向政府申请超额投资，那么它在第二阶段会生产更多的产量，这部分增加生产的产量会出现边际成本大于边际收益，产生利润损失，不会使军工企业在第二阶段获得理论上的最大利润，却有另一个好处：可以阻止这类民口企业盈利，使其在本可以盈利的产量上无法实现盈亏平衡，从而达到威胁其选择不进入市场的效果。一旦这种威胁获得成功，军工企业可以使自己在第二阶段获得垄断地位，谋取更高的利润。当然，军工企业会权衡两种方案的最终利润大小而做出选择。

但在军品市场中，政府因难以判断军工企业的真实投资需求，一般会同意其超额投资申请，这就意味着替军工企业承担了选择激进方案的风险。军工企业自然有充分的理由去选择激进方案，来对这类民口企业实施产能威胁。反过来，如果这类民口企业在第一阶段发现政府为企业进行了超过 q_1^M 的产能布局，将不会选择进入，而军工企业在成功阻止这类民口企业进入后，会继续选择 q_1^M 的产量进行生产，获得垄断最大利润，这就实质上完成了阻止较高竞争水平的民口企业进入市场。于是，可以得到第三个结论：

命题 4.3 政府对军工企业的超额投资，会威胁并阻止较高竞争水平的民口企业进入军品市场。

政府对军工企业的超额投资现象在现实中很容易出现，因为目前军工企业根据自身成本和利润计算出向政府的投资申请，而政府并不能了解企业的成本情况，无法发现这种超额的投资申请，因此政府在投资完成后，会造成大量的较高水平民口企业被挤出市场。

4. 高竞争水平的民口企业

这类民口企业的盈亏平衡点 B 位于 NP 段的区域，即在纳什均衡 N 点的右侧，表示其盈亏平衡点处的产量 q_2^{NP} 小于均衡产量 q_2^N，意味着这类民口企业可以在低于最小均衡产量 q_2^N 处实现盈亏平衡。这时，民口企业的产量相对较小，军工企业的产量相对较大，即使在较小的产量内生产，这类民口企业依然可以盈利，说明其盈利能力达到了很高的水平，意味着这类民口企业发现它进入市场绝对是有利可图的，将必然会选择进入市场。

军工企业的应对决策：这类民口企业在军品市场竞争中是不会选择退出的。这种情况下，军工企业发现这类民口企业必然会进入市场，知道自己在第二阶段一定会存在竞争对手，那么它在第一阶段的产能选择的目标就是使自己在第二阶段的利润能够尽可能的大，产能选择范围同样是 $q_1^T \leqslant K_1 \leqslant q_1^N$。军工企业具有先行者的优势，同样具有激进和稳妥两个方案选择。激进的方案下军工企业的产量会超过 q_1^M，超出的产量部分会造成自身的利润下降，虽会限制这类民口企业的产量增长，但是并不能形成威胁，因为这类民口企业的产量即使被限制到最小均衡产量 q_2^N，依然是盈利的，不会选择退出市场。这时军工企业坚持超过产能 q_1^M 的生产会形成恶性的竞争，造成两败俱伤，但无法迫使这类民口企业选择不进入市场。因此军工企业理性的选择是稳妥方案，做斯塔克尔伯格领导者厂商，在第一阶段选择初始产能 q_1^M，继续按照产能 q_1^M 进行生产，此时，民口企业的最大产量被限制在 q_2^M。于是，可以得到第四个结论：

命题 4.4 政府对军工企业的正常或超额投资，都不会阻止高竞争水平的民口企业进入军品市场，但会限制高竞争水平的民口企业的市场份额。

在这种情况下，政府对军工企业的投资同样造成了竞争的不公平。这类民口企业的盈利能力水平已经达到很高，但依然无法撼动军工企业的斯塔克尔伯格领导者厂商地位，产量最大被限制在 q_2^M，不能达到自己的最优纳什均衡 T 点的均衡产量 q_2^T。综上所述，我们博弈模型清楚地说明了军工企业如何利用政府投资的优势对民口企业进入军品市场进行控制。政府投资为军工企业提供了第一阶段的产能选择，这个产能为军工企业第二阶段的产量水平给出了保障。表 4－3 对政府投资影响民口企业进入决策作出总结。

表 4－3　　　　　　　政府投资对民口企业进入军品市场的影响

民口企业的 竞争水平	政府对军工 企业的投资	民口企业的 进入状况	没有政府投资 情况下的进入状况	军工企业的 行为性质
低竞争水平	不投资	不进入（主动放弃）	不进入	市场行为
一般竞争水平	正常投资	不进入（被阻止）	进入	市场行为
较高竞争水平	超额投资	不进入（威胁后被阻止）	进入	掠夺性行为
高竞争水平	正常投资或 超额投资	进入（产量被限制）	进入	市场行为

从表 4－3 中可以看出，一般竞争水平和较高竞争水平的民口企业原本可以进入军品市场，但由于政府的投资被阻止在市场外。政府投资阻止这两类民口企业进入的方式有所区别，对一般竞争水平民口企业的阻止属于利用先行者优势的市场竞争行为，而对较高竞争水平民口企业的阻止则属于掠夺性行为。

从对军工企业和民口企业的博弈分析的结论中，还可以进一步思考。首先，当政府对军工企业初始产能存在超额投资时，会威胁并阻止较高竞争水平的民口企业进入市场，这种典型的掠夺性行为极大影响了市场的公平竞争，其结果并没有增加军工企业的产能，而是为军工企业威胁和限制竞争对手进入提供了武器。因此，如何尽量避免超额投资，是亟待研究并解决的问题。其次，军工企业作为策略先行者，即使政府不给予其投资，它为了不失去斯塔克尔伯格领导者厂商地位，在正常的竞争中也会想尽办法去提前产能布局，为自己在市场竞争中保留优势而努力。因此，政府投资客观上增长了军工企业的惰性，并没有助力国企提升自身活力的改革。为了鼓励军品市场的充分竞争，政府应该制定政策促使民口企业获得更多的投资，改善信息不对称导致其在竞争中没有先行优势的不公平地位。

4.4 军民工业标准差异对竞争行为的影响

政府投资为军工企业垄断提供了帮助，造成了民口企业进入军品市场困难，在这样的背景下，减小军民工业标准是否会改变这种困境？下面通过对博弈模型中军民工业标准差异度 θ 的变化进行讨论，分析其对军工企业与民口企业均衡产量最佳反应函数均衡点的影响，来讨论在政府投资军工企业的前提下，减小军民工业标准差异是否可以解决民口企业进入军品市场的困难。

4.4.1 军民工业标准差异对市场的整体影响

前面计算出博弈过程中的几个关键决策点，包括军工企业和民口企业均衡产量最佳反应函数的纳什均衡点 $N(q_1^N, q_2^N)$ 和点 $T(q_1^T, q_2^T)$、垄断产能点 $M(q_1^M, q_2^M)$ 以及军工企业与民口企业均衡产量最佳反应函数与坐标轴的交点，表 4-4 统一给出这些点的坐标值，坐标值的变动将对军工企业和民口企业最优反应曲线的纳什均衡点产生影响。

表 4-4　　　　　　　　　　　关键决策点的坐标值

关键决策点	坐标数值
纳什均衡点	$N\left(\dfrac{(2-\theta)(A-\omega)+\theta\gamma}{(4-\theta^2)B}, \dfrac{(2-\theta)(A-\omega)-2\gamma}{(4-\theta^2)B}\right)$ $T\left(\dfrac{(2-\theta)(A-\omega-\gamma)}{(4-\theta^2)B}, \dfrac{(2-\theta)(A-\omega-\gamma)}{(4-\theta^2)B}\right)$
垄断产能点 （斯塔克尔伯格领导者产量点）	$M\left(\dfrac{A-\omega-\gamma}{2B}, \dfrac{(2-\theta)(A-\omega-\gamma)}{4B}\right)$
坐标轴交点	$O\left(0, \dfrac{A-\omega-\gamma}{2B}\right)$;　　　　　$P\left(\dfrac{A-\omega-\gamma}{B\theta}, 0\right)$; $D_1\left(0, \dfrac{A-\omega-\gamma}{B\theta}\right)$;　　　　$C_1\left(\dfrac{A-\omega-\gamma}{2B}, 0\right)$; $D_2\left(0, \dfrac{A-\omega}{B\theta}\right)$;　　　　　　$C_2\left(\dfrac{A-\omega}{2B}, 0\right)$

从坐标数值上看，θ 对关键决策点的移动有较大的影响，表示军民工业标准差异度会改变军工企业与民口企业产量博弈的均衡位置。用坐标函数对 θ 求偏导，可以判断得出坐标数值都是关于 θ 的减函数，且单调递减，由此判定，关键决策点的变化趋势是随 θ 在 $[0,1]$ 区间变大时，逐渐变小。表 4-5 给出关键决策点和坐标轴交点坐标值的变化趋势。

表 4-5　　　　　　　　　关键决策点和坐标轴交点随 θ 的变化趋势

关键决策点	坐标值	关于 θ 的一阶条件	关于 θ 的单调性
纳什均衡点	$N(q_1^N, q_2^N)$	$\dfrac{\partial q_1^N}{\partial \theta} < 0$，$\dfrac{\partial q_2^N}{\partial \theta} < 0$	横坐标：单调递减 纵坐标：单调递减
	$T(q_1^T, q_2^T)$	$\dfrac{\partial q_1^T}{\partial \theta} < 0$，$\dfrac{\partial q_2^T}{\partial \theta} < 0$	横坐标：单调递减 纵坐标：单调递减
垄断产能点 （斯塔克尔伯格 领导者产量点）	$M(q_1^M, q_2^M)$	$\dfrac{\partial q_1^M}{\partial \theta} = 0$，$\dfrac{\partial q_2^M}{\partial \theta} < 0$	横坐标：不变 纵坐标：单调递减
坐标轴交点	$O\left(0, \dfrac{A-\omega-\gamma}{2B}\right)$	$\dfrac{\partial q_1^O}{\partial \theta} = 0$，$\dfrac{\partial q_2^O}{\partial \theta} = 0$	横坐标：不变 纵坐标：不变
	$P\left(\dfrac{A-\omega-\gamma}{B\theta}, 0\right)$	$\dfrac{\partial q_1^P}{\partial \theta} < 0$，$\dfrac{\partial q_2^P}{\partial \theta} = 0$	横坐标：单调递减 纵坐标：不变
	$D_1\left(0, \dfrac{A-\omega-\gamma}{B\theta}\right)$	$\dfrac{\partial q_1^{D_1}}{\partial \theta} = 0$，$\dfrac{\partial q_2^{D_1}}{\partial \theta} < 0$	横坐标：不变 纵坐标：单调递减
	$D_2\left(0, \dfrac{A-\omega}{B\theta}\right)$	$\dfrac{\partial q_1^{D_2}}{\partial \theta} = 0$，$\dfrac{\partial q_2^{D_2}}{\partial \theta} < 0$	横坐标：不变 纵坐标：单调递减
	$C_1\left(\dfrac{A-\omega-\gamma}{2B}, 0\right)$	$\dfrac{\partial q_1^{C_1}}{\partial \theta} = 0$，$\dfrac{\partial q_2^{C_1}}{\partial \theta} = 0$	横坐标：不变 纵坐标：不变
	$C_2\left(\dfrac{A-\omega}{2B}, 0\right)$	$\dfrac{\partial q_1^{C_2}}{\partial \theta} = 0$，$\dfrac{\partial q_2^{C_2}}{\partial \theta} = 0$	横坐标：不变 纵坐标：不变

从军工企业与民口企业的均衡产量最佳反应函数的图形上看，θ 决定了两个企业的最佳反应函数的斜率，由于 R_1R_2 与 q_1 轴的夹角 α 与 H_1H_2 和 L_1L_2 与 q_1 轴

的夹角 β 互余,当 θ 在 $[0,1]$ 区间变动时,两个企业的反应函数的斜率是联动变化的。当 θ 变大时,R_1R_2 关于 q_2 轴的斜率变得越来越大,H_1H_2 和 L_1L_2 关于 q_1 轴的斜率也会越来越大,将引起关键决策点的移动。军工企业和民口企业的最优反应曲线的变化如图 4-7 所示,图中通过放大局部图像显示了关键决策点的移动位置。

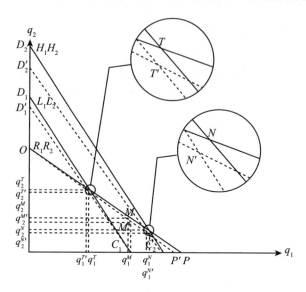

图 4-7　均衡产量最优反应曲线的变化

关键决策点的移动走势如图 4-8 所示。

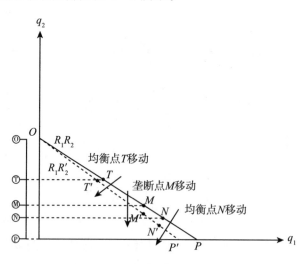

图 4-8　关键决策点的变化趋势

通过图4-8可以看出，随着θ变大，不仅纳什均衡点T和N向左下方移动，纳什均衡交集所在整条反应曲线R_1R_2均向左下方移动，表示军工企业和民口企业在均衡时的产量都有下降，意味着对所有企业的盈利能力都提出了更高的要求，都必须在更低的产量下取得盈亏平衡，才能在军品市场中生存。于是，可以得到减小军民工业标准差异的一个正面效应：

命题4.5 减小军民工业标准差异对军品市场的竞争具有正面作用——可以提高整体竞争效率，对进入市场参与竞争的所有军工企业和民口企业的盈利能力提出了更高要求。

4.4.2 军民工业标准差异对竞争行为的影响

图4-8显示了关键决策点的变化趋势，但具体引起军工企业和民口企业各自均衡产量变化的大小，无法从图上表现出来。下面通过计算关键决策点的坐标函数得出军工企业和民口企业各自产量的变化范围，判断θ变化对于其的具体影响。

首先给出关键决策点处的企业产量的变化值，具体如表4-6所示。

表4-6 关键决策点产量值的变化量

关键决策点	军工企业产量的单位变化值	民口企业产量的单位变化值
纳什均衡点T	$\dfrac{\mathrm{d}q_1^T}{\mathrm{d}\theta} = -\dfrac{2\theta(A-\omega-\gamma)}{B\,(4-\theta^2)^2}$	$\dfrac{\mathrm{d}q_2^T}{\mathrm{d}\theta} = -\dfrac{2\theta(A-\omega-\gamma)}{B\,(4-\theta^2)^2}$
垄断产能点M（斯塔克尔伯格领导者产量点）	$\dfrac{\mathrm{d}q_1^M}{\mathrm{d}\theta} = 0$	$\dfrac{\mathrm{d}q_2^M}{\mathrm{d}\theta} = \dfrac{-(A-\omega-\gamma)}{4B}$
纳什均衡点N	$\dfrac{\mathrm{d}q_1^N}{\mathrm{d}\theta} = -\dfrac{2\theta(A-\omega-\gamma)}{B\,(4-\theta^2)^2}$	$\dfrac{\mathrm{d}q_2^N}{\mathrm{d}\theta} = -\dfrac{2\theta(A-\omega)}{B\,(4-\theta^2)^2}$

从表4-6关键决策点产量值的变化中可以看出，对于军工企业有：

$$\left|\frac{\mathrm{d}q_1^T}{\mathrm{d}\theta}\right| = \left|\frac{\mathrm{d}q_1^N}{\mathrm{d}\theta}\right| \tag{4.7}$$

等式（4.7）表示θ变大引起的军工企业在纳什均衡点T和N处的产量变化值

相等，且等量减小，意味着军工企业决策时的产能选择范围整体左移，大小不变。

对于民口企业有：

$$\left|\frac{\mathrm{d}q_2^T}{\mathrm{d}\theta}\right| < \left|\frac{\mathrm{d}q_2^N}{\mathrm{d}\theta}\right| \tag{4.8}$$

不等式（4.8）表示 θ 变大引起的民口企业在纳什均衡点 T 处产量的变化值小于在纳什均衡 N 处的产量变化值，意味着民口企业可能被军工企业阻止的产量范围整体下移并变大，如图4-9所示。

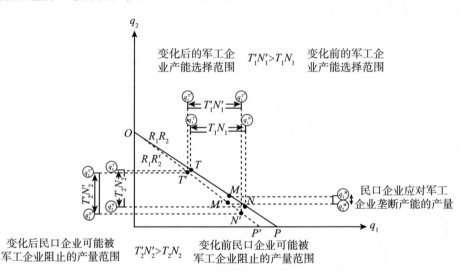

图4-9 关键决策点的变化范围

同时还可以看出，θ 变大对军工企业在垄断产能点 M 的产量不发生变化，但使民口企业在 M 处应对军工企业的产量出现了减少，减少值为 $\left|\mathrm{d}q_2^M/\mathrm{d}\theta\right|$，则：

$$\left|\frac{\mathrm{d}q_2^M}{\mathrm{d}\theta}\right| < \left|\frac{\mathrm{d}q_2^N}{\mathrm{d}\theta}\right| \tag{4.9}$$

图4-9显示了这几个决策点的变化范围，随着 θ 变大，图中 $T_1'N_1' = T_1N_1$，表示军工企业决策时的产量选择范围大小并没有变化；$T_2'N_2' > T_2N_2$，表示民口企业被阻止进入的产量范围增大。根据模型假设①可知，θ 变大表示军民工业标准

---

① 第二部分中模型假设当 $\theta = 0$ 时，表示军工工业标准完全不一致；当 $\theta = 1$ 时，表示军民工业标准完全相同。

差异度变小，因此这意味着减小军民工业标准差异使政府投资阻止了更多的民口企业进入。于是，可以得到存在政府投资时减小军民工业标准差异的一个负面效应：

命题4.6　减小军民工业标准差异对军品市场的竞争具有负面作用——会使军工企业借助政府投资阻止更多的民口企业进入军品市场。

4.4.3　减小军民工业标准差异降低了掠夺性行为

减小军民工业标准差异会使政府投资阻止更多民口企业进入，这些被阻止的民口企业竞争水平不同，其进入决策是否受到不同的影响？军工企业阻止其进入的产能选择决策是否会改变？下面通过讨论民口企业竞争水平分级变化来找出上述问题的答案。

首先分析军工企业的产能选择决策：从图4-9可以看出，垄断产能点（斯塔克尔伯格领导者产量点）M 向正下方移动，横坐标 q_1^M 没有发生改变，表示 θ 的变化对军工企业选择垄断产能（民口企业进入）或斯塔克尔伯格领导者产量（民口企业不进入）没有影响，因此，军工企业的最佳产能选择依然是 q_1^M，以此产能向政府申请正常投资或超额投资，阻止或威胁民口企业进入。

其次看民口企业的竞争水平分级：分级与盈亏平衡点有关，θ 变大会对民口企业的盈亏平衡点分段区域的变化产生影响，从而影响民口企业的竞争水平分级。将 R_1R_2' 重新分为 OT'、$T'M'$、$M'N'$ 和 $N'P'$ 四段，如图4-10所示。

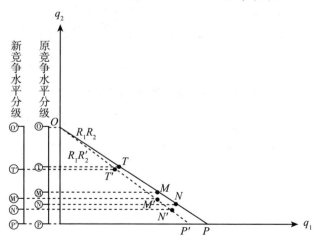

图4-10　民口企业盈亏平衡点的重新分段

减小军民工业标准差异引起的民口企业盈亏平衡点变化，形成新的竞争水平分级，从图4-10中可以看出，新的竞争水平分级比原有竞争水平的分级出现了明显的变化。根据上节分析，政府投资只是阻止了一般竞争水平和较高竞争水平民口企业的进入，因此，对这两种竞争水平的变化情况进行详细分析。

1. 一般竞争水平的民口企业的变化

垄断产能点M是军工企业的最优选择产量选择点，θ变大对军工企业第一阶段的产能决策没有影响，军工企业依然会按照q_1^M的产量进行生产，但当军工企业按照此产量生产时，达到均衡时民口企业的产量水平不得不将应对产量q_2^M降低至$q_2^{M'}$。这意味着不能在更小的$q_2^{M'}$产量下实现盈亏平衡的民口企业增多，因此，当θ变大的情况下，一部分原先是较高竞争水平的民口企业在新的$q_2^{M'}$产量下会出现无法实现盈利情况，变为一般竞争水平的民口企业，如图4-11所示。

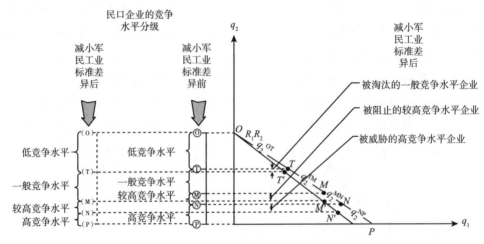

图4-11　民口企业竞争水平的重新分级

但同时也发现，虽然垄断产能点M的变化使一部分较高竞争水平的民口企业变为一般竞争水平民口企业，但纳什均衡点T的变化同样使一部分一般竞争水平的民口企业变为低竞争水平民口企业。再根据式（4.8）$|\mathrm{d}q_2^T/\mathrm{d}\theta| < |\mathrm{d}q_2^M/\mathrm{d}\theta|$得知两者相抵后最终有净增长，这意味着减小军民工业标准差异最终使市场出现了更多的一般竞争水平民口企业。由命题4.2可知，政府正常投资将阻止一般竞争水平的民口企业进入市场，因此可发现减小军民工业标准差异使政府正常投资阻止了更多一般竞争水平民口企业的进入。

2. 较高竞争水平民口企业的变化

N 点是对民口企业盈利能力要求较高的纳什均衡点，此处民口企业的均衡产量为 q_2^N，θ 变大后，使 q_2^N 减小至 $q_2^{N'}$，这意味着必须要能在更低的 $q_2^{N'}$ 以下产量盈利才能被视为高竞争水平的民口企业，这就提高了对高竞争水平企业的盈利能力要求，意味着原先部分不能在 $q_2^{N'}$ 处实现盈亏平衡的高竞争水平民口企业，将变为较高竞争水平民口企业。

同理，虽然纳什均衡点 N 的变化使一部分高竞争水平的民口企业变为较高竞争水平民口企业，但垄断产能点 M 的变化同样使一部分较高竞争水平的民口企业变为一般竞争水平民口企业。根据式（4.9），$|dq_2^M/d\theta| > |dq_2^N/d\theta|$ 可得知两者相抵后最终有净减少，这意味着减小军民工业标准差异最终使市场减少了的较高竞争水平民口企业。由命题 4.3 可知，政府超额投资将威胁并阻止较高竞争水平的民口企业进入市场，因此可以发现：减小军民工业标准差异，可以减少政府超额投资对较高竞争水平民口企业进入的威胁与阻止。

综上分析，减小军民工业标准差异增加了政府投资对一般竞争水平民口企业的阻止，但是减少了政府投资对较高竞争水平民口企业的威胁。根据表 4-3 的结论，前者的阻止行为是利用先行者优势的市场竞争行为，而后者的威胁行为属于掠夺性行为，这意味着减小军民工业标准差异虽然增加了被政府投资阻止进入的民口企业的总数量，但减少了军工企业借助政府投资实施掠夺性行为的可能。于是，可以得出结论：

命题 4.7 减小军民工业标准差异可以减少军工企业借助政府投资向民口企业实施掠夺性行为。

命题 4.5、命题 4.6、命题 4.7 的分析得出了一些有意义的结论：首先，减小军民工业标准差异对提高军品市场的整体竞争效率有促进作用，会淘汰部分低能力的企业，包括军工企业和民口企业；其次，证实了在政府对军工企业投资的前提下，减小军民工业标准差异会使军工企业借助政府投资的力量阻止更多的民口企业进入军品市场；最后，剖析了更多民口企业被阻止的原因，发现减小军民工业标准差异虽然增加了军工企业市场竞争性质的阻止行为，但减少了威胁性质的掠夺性行为，这实质上是增加了市场的公平性。

对这些结论的总结可以看出，减小军民工业标准差异对市场竞争有正面和负面的影响。正面的影响是提高了市场整体竞争效率，增加了市场竞争的公平性；

负面的影响是使政府投资阻止了更多的民口企业进入。

减小军民工业标准差异对市场竞争的影响合理地解释了当前一些实际现象：国家按照标准化领域军民融合的要求，积极推进军民工业标准统一，对接民用标准和军工标准，取得了一定的效果，但这一举措并没有让更多的民口企业进入军品市场，一些民口企业反映部分标准统一后生产成本有所很高，在军品市场生存压力较大，参与竞争难度加大。造成这种情况的原因有两个方面：一是减小军民工业标准差异提高军品市场的整体进入门槛，民口企业自身能力不足；二是减小军民工业标准差异会助长政府投资带给军工企业的先行者优势，阻止民口企业进入。

4.5 民口企业进入生产领域参与竞争的政策建议

本章得出的结论解释了政府投资造成了民口企业进入军事工业生产领域参与竞争的困境，以及减小军民工业标准差异对民口企业参与竞争的影响。从中不难发现，政府对军工企业的直接投资是困境的根源所在，改革、完善政府投资方式应该是首要任务。在此基础上，减小军民工业标准差异，才能达到鼓励和引导民口企业进入军事工业生产领域参与竞争。据此对军事工业生产领域促进民口企业参与竞争给出政策建议：

第一，改变政府投资方式。政府投资需要避免直接影响军事工业生产领域的竞争，应打破传统思想界限，不分军民属性，以项目为对象，不管是军工企业还是民口企业，都可以通过公平竞争来获取政府的投资。为避免国有资产流失和道德风险，政府投资的机制可以采取事后补偿或者贴息贷款的方式，激励企业自主进行产能布局，公平竞争，从而引导更多高水平的民口企业进入市场。例如，美军每年用于军事工业总投资的50%以上为军外单位（大学和工业界）完成的合同项目的费用，这些投资都是基于事后补偿机制执行的，事实证明有利于促进市场公平竞争。

第二，健全政府投资的公平机制。在开放政府对民口企业投资的基础上，进一步公平政府投资的实施机制。凡是市场能够配置资源的，政府不再投资；对于因股权原因①难以投入到民口企业的，对同一竞争领域的军工企业也不投资入

---

① 民口企业股权成分复杂，政府投资风险很大，可能会引发国有资产流失，参与投资的官员存在道德风险，因此，政府通常在入股民口企业时非常慎重。

股；有政府投资比例限制的，军工企业和民口企业一视同仁。

第三，引导其他资本进入。鼓励民间资本进入军事工业可竞争领域进行投资建设，凡是符合基本要求的，不应限制其投资比例，并给予一定的政策优惠，充分引导社会资源参与军事工业生产领域的竞争。政府还可以鼓励或组织建立军民融合类的产业基金，并将民口企业纳入基金投入的范围，同等对待。

第四，在改善政府投资机制的基础上促进军民工业标准的融合。从产品工艺方法、技术原理角度而言，军事工业和民品工业部门并无本质区别。政府应统筹规划军品生产的通用性技术标准，与先进适用民用标准有效衔接，构建行业统一、军民协调、彼此兼顾的军事工业标准体系，鼓励军工企业和民口企业共同制定军品工业标准，推动军民产品技术和标准逐步统一，鼓励更多高水平民口企业进入军事工业生产领域参与竞争，在军民融合深度发展中提高我国武器装备科研生产的效率。

本章小结

本章重点关注了政府投资和军民工业标准差异两个"不对称"因素，剖析了其帮助军工企业阻止民口企业进入市场参与竞争的过程，详细分析了其深层次的原因，并找出问题的症结所在，并对军事工业生产领域促进民口企业参与竞争提出政策建议。

本章采用博弈论方法详细研究分析了政府对军工企业的投资如何阻止民口企业进入军事工业生产领域。研究发现，政府投资为军工企业提供了先期资金，使军工企业可以提前进行产能布局，在竞争中阻止一般竞争水平的民口企业进入市场。政府如果为军工企业提供超额投资，则军工企业可以实施掠夺性行为，向市场发出威胁信号，迫使较高竞争水平的民口企业放弃进入市场。政府对军工企业的投资虽不能阻止高竞争水平民口企业进入市场，但会将其进入后的市场份额限制在较小的范围内。

本章还采用博弈论方法详细分析了军民工业标准差异对民口企业进入军事工业生产领域的影响。研究发现，减小军民工业标准差异对存在政府投资条件下的军事工业生产领域竞争具有正负两方面的影响，正面影响是减小军民工业标准差异会提高市场的整体竞争效率，抬高市场进入门槛，淘汰参与竞争的部分低能力的军工企业和民口企业，同时减少了军工企业具有威胁性质的掠夺性行为，促进了市场的公平竞争。负面影响是存在政府对军工企业投资的条件下，减小军民工业标准差异会使军工企业借助政府投资的力量阻止更多的民口企业进入市场。

　　本章最后根据对两个"不对称"因素进行分析得出的结论，从改变政府投资方式、健全政府投资的公平机制、引导其他资本进入和在改善政府投资机制的基础上促进军民工业标准的融合等方面给出了促进民口企业参与军事工业生产领域竞争的政策建议，以提高军事工业整体生产效率，提升军事工业的高端供给能力。

第5章 军事工业研发领域的竞争：
技术差距、军用技术成果转化率

提升军事工业市场绩效的另一个关键是推动研发领域的公平竞争，引导更多高水平的民口企业参与研发竞争，提高军事工业的研发效率。民口企业进入军事工业研发领域参与竞争受到技术差距和军用技术成果转化率两个"不对称"因素的困扰。这两个因素是如何影响军民企业的研发投入意愿，怎样消除这些"不对称"因素，促进民口企业更好地参与军事工业的研发竞争，是需要研究的重要问题。本章重点关注民口企业与军工企业之间研发竞争中存在的技术差距和军用技术成果转化率不高的两个"不对称"因素，通过建立研发竞争的博弈模型，分析其如何对军工企业和民口企业研发竞争产生影响，并通过数理分析找出最优的调控点，据此给出促进民口企业参与军事工业研发领域竞争、提升军事工业研发效率的政策调控建议。

5.1 研发领域的"民参军"竞争现状

军事工业是为国家提供武器装备的特殊行业，是展现一个国家军事实力的关键要素。随着我国在国际事务中的责任越来越重，对军事力量的需求越来越强，对军事工业的要求也越来越高。武器装备的升级换代离不开军事工业基础制造领域的高端供给能力，特别是研发能力的提升，但我国军事工业基础制造领域的研发能力却并不令人满意，与军事强国还有相当的距离。比辛格（R. A. Bitzinger，2004）对我国军事工业基础制造领域的高端供给能力进行了评估，认为我国军事工业仍然存在着许多差距和弱点，特别是研发领域的设计和技术滞后，关键生产设备只能依赖进口，高端产品供给不足。同时还指出，与美国和其他西方国家相比，我国的军事工业研发领域的支出仍然相对较少，许多基础研发进展不大，仍处于摸索阶段。特雷巴特（N. M. Trebat, 2014）评估了自 1980 年以来我国与军事工业基础制造领域相关项目的研发成果，认为我国在推动武器装备生产现代化方面进行了不懈努力，但研发投出与产出的效率并不高，虽然在系统集成等方面的技术取得了成果，但基础研发能力依然落后。

高端供给能力需要对基础工艺的不断研发和创新，这需要企业不断进行研发投入和持续保持创新活力。目前，我国军事工业研发效率的现状难以满足日益增长的军事需求。一方面，军工企业在"等靠要"的计划经济思想下，对军队订单的生存依赖度较高，并没有研发创新的动力，低端生产能力过剩而高端供给能力不足；另一方面，朝气蓬勃的民口企业在行政壁垒的约束下，不能将先进技术和创新活力带进军事工业，大量高效的民用工业制造技术不能为军所用。因此，化解影响我国军事工业健康发展的这一结构性矛盾，既需要激励军工企业积极投入研发创新，更需要进一步开放军事工业，推进武器装备研发竞争，营造公平竞争环境，引导更多有优势、有意愿的民口企业参与军事工业的研发竞争。

如前文所述，市场引导是民口企业参与研发竞争的主要动力，但民口企业通过与军工企业的研发竞争来获取市场，一直面临着两个关键的非对称因素困扰：一是技术差距的"不对称"；二是技术溢出的"不对称"。技术差距的"不对称"主要是指，因国家长期对军工企业注入大量资源，并提供政策优惠，军工企业成为军品科研生产的核心力量，在研发竞争中占据着优势地位。技术溢出的"不对称"主要体现在军用技术成果转化率低下方面，我国军事工业经过多年的集中投入与发展，积累了大量先进的技术成果，这些成果长期未被转化和再利用，造成资源的浪费。军用技术成果不及时转化或者转化率不高，对民口企业参与军事工业的研发造成技术信息获取量少，增加了重复研发，加大了研发投入。因此，技术差距和军用技术成果转化率不高为军工企业创造了竞争优势，也使军民企业之间的研发竞争处于不平衡的态势。

基于以上背景和事实，本章从市场化研发竞争角度出发，深入分析上述两个"不对称"因素对于军事工业研发领域竞争的影响。具体而言，本章试图回答以下问题：民口企业参与军事工业研发领域竞争的意愿不强，是否与两个"不对称"因素有关？如果是，"不对称"因素是如何影响研发竞争的？对军事工业的整体研发效率有什么影响？如何改善现有的竞争不足和效率不高的现状？

5.2　基于 AJ 研发竞争的经济学模型

5.2.1　研发竞争的研究模型

军事工业研发竞争关注大多集中在合同采办层面，这是战略总体产品层面的竞争，即政府对企业之间开展合同竞争如何进行机制设计，多采用竞赛模型（B. J. Nalebuff & J. E. Stiglitz, 1983）。

产业组织理论对一般商品市场上企业参与研发竞争的动力、目的和意愿有清晰的阐释，认为：利用研发投入来降低生产成本，获取更多的市场份额和利润，是企业有意愿参与研发竞争的动力源泉；企业只有在确定研发努力将会得到回报的时候，才会愿意承担伴随研发活动的巨额支出和难以预测的风险。研发竞争的模型更加关注企业实施研发投入的行为策略，以及竞争对社会经济效益的影响。特别是最近几十年，博弈论作为经济研究的最重要手段之一兴起后，建立博弈模型，对市场上企业研发投入行为进行研究的文献越来越多（A. Baniak & I. Dubina, 2012）。博弈模型可以克服实证研究比较难衡量研发投入与真实创新之间差别和数据之间内生性较大的问题，因此研发竞争的博弈模型开始成为主流。

利用博弈论对研发竞争进行的建模主要分为静态博弈和动态博弈两类模型。静态博弈考虑企业在博弈的某一个阶段进行研发决策，而后影响其他阶段的博弈均衡，经典的研究是达斯普勒蒙和雅克曼（C. d'Aspremont & A. Jacquemin, 1988）建立的双寡头研发竞争 AJ 模型。该模型基于创新竞争中的效率效应[①]（P. Dasgupta & J. E. Stiglitz, 1980），假定研发投入降低了产品的边际成本，在有技术溢出环境下，两家企业进行两阶段博弈，第一阶段双方进行研发决策，第二阶段在市场上进行产量竞争并实现利润。很多文献研究了企业在第一阶段分别进行独立研发或者合作研发，然后在第二阶段进行产量竞争，以及在两个阶段都合谋垄断等不同情形下的竞争结果，其主要的结论是：企业联合研发时的均衡产出

[①]　无论在位厂商所从事的创新活动有没有保持垄断地位，在位厂商对创新的估值远高于潜在进入者，更新自身总比被新进入者替代要好。这种效应成为效率效应。

与研发投入水平均要高于独自研发时的情形。达斯普勒蒙和雅克曼的开创性工作为后续利用博弈建模分析研发竞争的问题奠定了基础。此外，卡茨（M. L. Katz，1986）建立了一个多阶段、非竞争型的流程创新模型，假定研究企业之间从事合作性研发活动，描述了研发同盟体的形成过程。在卡茨以及达斯普勒蒙和雅克曼模型的基础上，一些学者扩展出多种模型，更加深入地研究了研发竞争中的企业互动的问题，包括纯策略和合作研发的竞争，并对不同情况下的均衡结果进行了比较，认为合作研发可以使企业互相分担研发成本和共享研发成果，会在研发投入意愿、消费者剩余和企业净利润方面带来更好的绩效（G. Symeonidis，2003；R. Gilbert，2006；D. Leahy & J. P. Neary，2010；T. Matsumura，N. Matsushima & S. Cato，2013；M. C. Chang & Y. C. Ho，2014；T. Shibata，2014）。之后，泰索列雷（A. Tesoriere，2015）从非对称情形和产品水平差异化的角度讨论了不同市场中的研发竞争，得出了研发投入与市场绩效的多种结论。动态博弈主要从寡头结构下的动态演化视角来分析研发竞争问题，崔（S. C. Choi，1991）建立了一个基于动态研发行为的模型，探讨了不完美信息情况下企业的研发决策行为，认为由于竞争对手研发成功会带来两种效应：一方面是技术差距拉大带来的负效应；另一方面是对手成功预示着研发的现实可行性带来的正效应，两种效应的综合作用更真实地描述了研发竞争的行为。此后，崔（J. P. Choi，2004）加入了成果专利政策对动态序贯创新过程的影响，也是两个方面的效应：一方面是专利机制赋予了企业垄断的权利，限制了成果的利用和阻碍更多的创新；另一方面是对创新成果保护不够导致了企业在第一阶段研发投入不足。一些学者以时间变量为基准，扩展上述博弈模型，讨论了研发投入、研发成功率与市场竞争行为决策之间的关系（E. Aghion & B. Bronfin，2001；Lin，2013），还有一些学者从非对称视角，扩展模型，对知识产权保护、初始技术储备、技术溢出、产品差异化、生产能力等因素引起的研发竞争的策略变化的问题进行了研究（S. Joshi & N. S. Vonortas，2001；C. Fershtman & S. Markovich，2010；G. I. Bischi & F. Lamantia，2012；H. Dawid，M. Kopel & P. M. Kort，2013；H. Dawid & M. Y. Keoula & M. Kopel，2015）。相对于静态博弈，动态博弈的模型更具有现实性，能描述真实环境下研发投入渐进和持续的过程，更有利于解释研发活动的变化，但模型更为复杂，对求解和分析具有更高的要求，解释的经济问题范围有限。

5.2.2　建模背景与假设

"民参军"中的研发竞争更注重企业策略的选择，因此选择建立静态博弈模型。下面基于达斯普勒蒙和雅克曼的 AJ 模型，扩展应用到军工企业和民口企业在军事工业的研发竞争中，在模型中增加技术差距和军用技术成果转化率这两个军事工业生产领域特有的影响因素，分析军工企业与民口企业在研发强度上的策略博弈，并讨论影响因素改变之后博弈均衡发生的变化，以及企业的研发绩效和军事工业整体研发绩效的变化。

1. 运用背景

军事工业的研发创新一般分为两类，一类是产品创新，另一类是流程创新。武器装备的产品创新发展需要较长的周期，一般而言，对于新研究的概念型武器装备，在很长一段时间不会进入大批量的生产阶段，研发投入巨大且很难在短期取得回报，一般企业不愿意投入，因此研发费用常常以国家投入为主。武器装备的流程创新则可以很快改变生产效率，降低成本和提高企业利润，因此，在军事工业研发领域的竞争中，更多关注的是流程创新。更进一步，流程创新中也分为突破性创新和非突破性创新，突破性创新能使一家企业迅速将边际成本降低到其他竞争者不可匹及的程度，在这个边际成本下生产，将会在一定时期内形成垄断局面；非突破性创新可以使一家企业取得相对于其他竞争者的成本优势，但这种优势只能增加自身的利润空间，并不能将其他竞争者的所有利润挤出，因而无法形成垄断。

本章研究重点关注军事工业基础制造方面[①]研发领域的武器装备的流程创新，这种研发竞争广泛存在于分系统和配套产品层面的企业中，具有普遍意义。不同层级的系统集成商众多，市场需求大，作为提供这些下一级产品的企业，竞争的目标是其占用更多的市场份额。参与这个层面研发竞争的企业都具有一定的技术基础，技术进步可以迅速转化为流程创新，且流程创新可以降低武器装备的

---

① 研究关注的重点不是总装层面系统集成商之间的合同竞争，而是分系统级以下，以及零部件的基础制造领域的研发竞争。这部分产品的生产制造涉及的领域非常大，包括武器装备一般分系统、配套产品，以及武器装备专用原材料和机电设备等大量产品的研发。

生产成本。同时，军事工业的市场具有较高的价格弹性，行业产出的扩张不会使价格下降太快。这些市场特征符合 AJ 模型的基本条件。

2. 模型假设

此外，根据需要研究的问题，给出三个合理的假设：

（1）参与军事工业研发竞争的分为军工企业和民口企业两类，其中军工企业为军用技术积累深厚的企业，民口企业为军用技术积累相对薄弱的企业。

（2）民口企业的研发效率相比军工企业具有优势，但与军工企业的技术积累差距越大，研发效率的优势越小，且优势可以转化为劣势。

（3）企业的创新成果可能被竞争对手复制或学习，即技术会产生外部溢出，但未转化的军用技术成果部分不会产生技术外溢。

5.2.3 建模思路与 AJ 模型的扩展

首先给出理论建模的两条思路。一条思路是以研发效率为核心：按照 AJ 模型的思想，研发强度与研发投入存在规模不经济的关系。在此基础上，进一步考虑军事工业研发过程中存在技术难度高和投入大的特征，更加突出军事工业研发投入的规模不经济效应。同时，考虑研发活动也依赖企业的初始技术水平，水平越高，研发的效率更高，这种研发效率也在研发投入的规模不经济中体现。

另一条思路是以技术外溢为核心：目前军工企业保存了大量军用基础研究成果，这些成果多数是在国家资金支持下取得的，由于未能及时转化，所以这些技术基础成果民口企业不能分享。民用技术领域一些知识和经验则能够被军工企业充分地交流和借鉴学习。因此，应在模型中区别出这两种技术外溢情况。

下面进行具体建模分析。将军事工业中的武器装备视为同质产品[①]，给定其市场的反需求函数为 $P = A - B(q_1 + q_2)$，其中 q_1 和 q_2 分别是军工企业和民口企业的市场产量，生产这一产品的两类企业的边际成本由于初始技术水平不同而存在差异，按照假设（1），军工企业在武器装备制造方面的技术积累深厚，单位

---

① 武器装备在非流程创新期间的研发需要政府和军事部门严格定型，由于军品市场中大多是已经定型的武器装备，生产中不允许进行更改设计内容，流程创新只是改变生产工艺，因此生产的产品可以视为同质产品。

产品的生产成本为 $c_0(x_1) = c$；民口企业在武器装备制造方面的初始技术积累不足，单位产品的生产成本为 $c_0(x_2) = Kc$，$K \geq 1$，且 $Kc < A$。

根据第一条思路，考虑企业自身研发投入带来的产品成本变化。武器装备流程创新的研发是一个渐进的过程，不存在阶段突破和跳跃升级，所以从长期上看，研发投入 $\gamma(*)$ 与产品成本变化 $\Delta c(*)$ 的函数是连续可导的。研发投入和研发带来的产品单位成本变化均与研发强度和初始技术水平有关，即 $\gamma = \gamma(K, x)$，$\Delta c_\gamma = \Delta c_\gamma(K, x)$，其中 x 代表研发强度，K 是技术差异因子（$K \geq 1$）。按照 AJ 模型对研发投入规模不经济的描述，将技术差异因子引入模型中，并根据假设（2），给出企业研发投入函数 $\gamma(K, x)$ 和研发带来的产品边际成本变化函数 $\Delta c_\gamma(x)$：

$$\begin{cases} \gamma_1(x) = x_1^\sigma \\ \gamma_2(K, x_2) = \dfrac{Kx_2^\sigma}{\sigma} \\ \Delta c_\gamma(x_i) = x^{\sigma_i - 1} \end{cases} \qquad (5.1)$$

模型中 x_i^σ 反映了研发投入随研发强度成指数增长，$x_i^{\sigma-1}$ 反映了产品边际成本随研发强度减少的程度，两者之间的指数量级差别体现了规模不经济。σ 表示武器装备研发的技术难度，$\sigma > 1$。技术难度 σ 体现了武器装备研发比一般研发活动更具规模不经济效应，这种规模不经济的程度与武器装备研发的技术难度成指数关系。模型还体现了民口企业的研发效率优势：即 $K = 1$，军民企业没有初始技术差异时，x_i^σ/σ 表示民口企业在同样的研发强度下，研发投入比军工企业少。但这种优势随着技术差异因子 K 的增大而越来越不明显。

再根据第二条思路，考虑技术外溢带来的产品边际成本变化。因为军用技术成果转化率不足，军工企业的一部分研发成果被严格保护起来，但另一部分研发成果可能被民口企业学习；民口企业的研发成果则全部可能被军工企业学习。因此，对于军工企业的研发成果，一部分通过军用技术成果转化产生了外部溢出，比例为 φ，$0 \leq \varphi < 1$[①]；另一部分则由于军用技术成果未被转化，不产生外部溢出，比例为 $1 - \varphi$。同时，令市场环境下公共的外溢程度为 β，$0 \leq \beta \leq 1$，则军工企业与民口企业由于技术外溢带来的产品边际成本变化分别为：

---

① 军事工业中存在一部分涉及国家安全的技术是不能被转化的，因此 $\varphi \neq 1$。

$$\begin{cases} c_1 = c_0(x_1) - \beta c_\gamma(x_2) \\ c_2 = c_0(x_2) - \beta\varphi c_\gamma(x_1) \end{cases} \tag{5.2}$$

其中：c_1 为技术外溢后军工企业的产品边际成本，c_2 为技术外溢后民口企业的产品边际成本。

综上所述，构建出完整的军工企业与民口企业在军品市场的研发竞争模型：

$$\begin{cases} c_1 = c_0(x_1) - \Delta c_\gamma(x_1) - \beta c_\gamma(x_2) \\ c_2 = c_0(x_2) - \Delta c_\gamma(x_2) - \beta\varphi c_\gamma(x_1) \\ \pi_1 = (A - BQ)q_1 - c_1 q_1 - \gamma_1(K, x_1) \\ \pi_2 = (A - BQ)q_2 - c_2 q_2 - \gamma_2(K, x_2) \end{cases} \tag{5.3}$$

其中：$c_0(x_1) = c, c_0(x_2) = Kc, c_\gamma(x_i) = x_i^{\sigma-1}, \gamma_1(x_1) = x_1^\sigma, \gamma_2(K, x_2) = Kx_2^\sigma/\sigma$。

5.2.4 不同技术外溢环境下的均衡条件和方式

对博弈模型进行均衡分析前，我们首先考虑目前我国军事工业两个现状：一是军工企业是国有军工集团公司旗下的成员单位，遍布了军事工业各个领域，相对比较独立与封闭，与民口企业合作程度不高，因此，军工企业与民口企业在研究上较少存在合作的情况；二是军事工业领域涵盖的行业较多，技术外溢的程度各有不同。例如兵器行业是传统的研发模式，市场范围小，民口企业少，技术外溢程度较低；而电子行业则走在科技前沿，市场广，民口企业多，技术外溢程度较高。因此，应区别对待两种不同技术外溢市场环境下的研发竞争。综上，模型主要研究非合作情况下的博弈，并区别分析两种不同技术外溢市场环境下的均衡。

接下来根据模型讨论博弈产生均衡的条件。博弈分为两个阶段：第一阶段，每个企业选择自己的研究强度；第二阶段，每个企业选择产量参与竞争。两阶段的博弈可以通过逆推法来求解，不再赘述，从模型的古诺均衡一般解入手开始分析，军工企业与民口企业的产出分别为：

$$q_1^e = \frac{A - 2c_1 + c_2}{3B}, q_2^e = \frac{A - 2c_2 + c_1}{3B} \tag{5.4}$$

在计入研发投入的成本后，利润分别为：

$$\pi_1^e = \frac{(A - 2c_1 + c_2)^2}{9B} - \gamma_1, \pi_2^e = \frac{(A - 2c_2 + c_1)^2}{9B} - \gamma_2 \tag{5.5}$$

由式（5.3）可知，军工企业与民口企业的成本函数分别是 $c_1 = c - c_\gamma(x_1) - \beta c_\gamma(x_2)$ 和 $c_2 = Kc - c_\gamma(x_2) - \beta \varphi c_\gamma(x_1)$，将其代入式（5.4）和式（5.5），得出军工企业和民口企业的最终均衡产出：

$$q_1^e = \frac{A + (K - 2)c + (2 - \beta\varphi)x_1^{\sigma-1} + (2\beta - 1)x_2^{\sigma-1}}{3B},$$
$$q_2^e = \frac{A + (1 - 2K)c + (2 - \beta)x_2^{\sigma-1} + (2\beta\varphi - 1)x_1^{\sigma-1}}{3B} \tag{5.6}$$

同时得到各自的利润：

$$\pi_1^e = \frac{[A + (K - 2)c + (2 - \beta\varphi)x_1^{\sigma-1} + (2\beta - 1)x_2^{\sigma-1}]^2}{9B} - \frac{x_1^\sigma}{\sigma},$$
$$\pi_2^e = \frac{[A + (1 - 2K)c + (2 - \beta)x_2^{\sigma-1} + (2\beta\varphi - 1)x_1^{\sigma-1}]^2}{9B} - \frac{Kx_2^\sigma}{\sigma} \tag{5.7}$$

从式（5.6）可以看出，军工企业与民口企业的研发强度 x_i 对产出 q_i^e 的影响存在两个部分：一部分是自身研发强度带来的成本变化，另一部分是竞争对手研发强度带来的成本变化。由于技术溢出的存在，竞争性的研发带来的成本变化一方面降低了对手的成本，为对手的产出产生了扩张效应，另一方面也降低自身的成本，扩张自己的产出，挤出对手的市场份额，但这两种相互抵消的力量的净影响是不确定的，这种不确定性反映在式（5.6）中研发强度 x_i 的系数上。对于军工企业：

$$\frac{\partial q_1^e}{\partial x_1} = (\sigma - 1)(2 - \beta\varphi)x_1^{\sigma-2}, \frac{\partial q_1^e}{\partial x_2} = (\sigma - 1)(2\beta - 1)x_2^{\sigma-2} \tag{5.8}$$

由于 $\sigma > 1$，$0 \leq \beta \leq 1$，$0 \leq \varphi < 1$，可以判定 $\partial q^e / \partial x_1 > 0$，即军工企业的研发强度是自身的均衡产量的增函数，则表示军工企业的研发强度越大，均衡产量越高；而 $\partial q^e / \partial x_2$ 的符号判定需依赖 $2\beta - 1$ 的大小，这个系数在外溢程度较大时，即 $\beta > 0.5$ 时为正；在外溢程度较小时，即 $\beta < 0.5$ 时为负。这意味着，当外溢程度较小时，民口企业的研发强度是军工企业均衡产量的减函数，这时民口企业研发强度越大，会挤出军工企业的市场份额；当外溢程度较大时，民口企业的研发强度是军工企业均衡产量的增函数，这种情况下，民口企业研发强度越

大，反而会增加对军工企业的市场份额。

同理可以对民口企业进行分析，对于民口企业：

$$\frac{\partial q_2^e}{\partial x_2} = (\sigma - 1)(2 - \beta)x_2^{\sigma - 2}, \frac{\partial q_2^e}{\partial x_1} = (\sigma - 1)(2\beta\varphi - 1)x_1^{\sigma - 2} \qquad (5.9)$$

由于 $\sigma > 1$，$0 \leqslant \beta \leqslant 1$，可以判定 $\partial q_2^e / \partial x_2 > 0$，民口企业的研发强度是自身的均衡产量的增函数，民口企业的研发强度越大，均衡产量越高；但对于 $\partial q_2^e / \partial x_1$ 的符号判定，则关系到系数 $2\beta\varphi - 1$，其中涉及技术外溢因子 β 和军工企业的军用技术成果转化比例 φ，这意味着军工企业的研发强度对民口企业的均衡产量的影响的不确定因素更加复杂，军工企业的研发对民口企业的均衡产量的影响，由技术外溢程度与军用技术成果转化率的综合作用产生，即 $\beta\varphi < 0.5$ 时，军工企业的研发强度是民口企业均衡产量的减函数，这时军工企业加大研发强度会挤出民口企业的市场份额，当 $\beta\varphi > 0.5$ 时，军工企业的研发强度是民口企业均衡产量的增函数，军工企业加大研发强度会增加对民口企业的市场份额，如表 5 - 1 所示。

表 5 - 1　　　　　　　　不同的技术溢出程度下研发竞争对市场份额的影响

技术溢出程度的变化	研发对市场份额的影响
$\beta^L: \beta < 0.5$	民口企业的研发会挤出军工企业的市场份额
$\beta^H: \beta > 0.5$	民口企业的研发会增加军工企业的市场份额
$\beta\varphi^L: \beta\varphi < 0.5$	军工企业的研发会挤出民口企业的市场份额
$\beta\varphi^H: \beta\varphi > 0.5$	军工企业的研发会增加民口企业的市场份额

同样的不确定性在式（5.7）的利润函数中也可以体现，不再具体分析。

仔细观察表 5 - 1 可以发现，市场可能出现的技术溢出有 4 种情况，分别是 $(\beta^H, \beta\varphi^H)$，$(\beta^H, \beta\varphi^L)$，$(\beta^L, \beta\varphi^H)$，$(\beta^L, \beta\varphi^L)$。这 4 种情况并不都可以产生博弈均衡，具体分析如下：

（1）低技术外溢 β^L 市场环境的情况：一种是 $(\beta^L, \beta\varphi^H)$，假如市场出现 $(\beta^L, \beta\varphi^H)$ 情况时，即需要同时满足 $\beta < 0.5$，$\beta\varphi > 0.5$，可解出 $\varphi > 1$，这与模型中的 $0 \leqslant \varphi < 1$ 的设定相矛盾，因此这种情况不存在；另一种是 $(\beta^L, \beta\varphi^L)$，假如市场出现 $(\beta^L, \beta\varphi^L)$ 的情况，即需要同时满足 $\beta < 0.5$，$\beta\varphi < 0.5$，可解出 $0 < \varphi < 1$，模型条件满足。再看博弈过程，军工企业和民口企业的研发行为是

同时减少对方的市场份额，因此博弈中会出现均衡点。

（2）高技术外溢 β^H 市场环境的情况：一种是 $(\beta^H, \beta\varphi^L)$，假如市场出现 $(\beta^H, \beta\varphi^L)$ 情况时，即需要同时满足 $\beta > 0.5$，$\beta\varphi < 0.5$，可解出 $0 < \varphi < 1$，模型条件满足。再看博弈过程，在这种市场环境下民口企业的研发会增加军工企业的市场份额，而军工企业的研发会挤出民口企业的市场份额，出现非对称情况，博弈中不会出现均衡点。另一种是 $(\beta^H, \beta\varphi^H)$，假如市场出现 $(\beta^H, \beta\varphi^H)$ 的情况，需要同时满足 $\beta > 0.5$，$\beta\varphi > 0.5$，这对 φ 有条件限制，应当有 $\varphi > 1/2\beta$，才能满足模型条件。再看博弈过程，军工企业和民口企业的研发行为是同时增加对方的市场份额，因此，当模型条件满足后，博弈会出现均衡点。

综上分析，给出模型产生博弈均衡的一个充分条件：

命题5.1 当 $\beta > 0.5$ 时，必须满足 $\varphi > 1/2\beta$ 的条件，军工企业和民口企业的研发博弈竞争才能出现均衡。

最后分析军工企业与民口企业研发强度的均衡点位置。在给定竞争对手的研发强度下，企业会选择使自己利润最大化的研发强度。对于军工企业所作的每一次研发强度选择或者改变，民口企业会以自身的利润最大化选择作为回应，相反，对于民口企业也是一样。因此，可以根据式（5.7）的利润函数确定军工企业与民口企业的研发强度的最优反应方程和曲线。利用利润函数式（5.7）对研发强度 x_i 求偏导，并令偏导数等于0：

$$\frac{\partial \pi_1^e}{\partial x_1} = 0, \frac{\partial \pi_2^e}{\partial x_2} = 0 \qquad (5.10)$$

联合两个方程可以得出军工企业与民口企业研发强度的最优反应方程和曲线 R_1 和 R_2。最优反应方程的斜率存在两种可能，或正或负，由 β 和 φ 决定，得出的最优反应曲线也可能向上倾斜或者向下倾斜。再根据命题5.1的结论，得出市场可能出现的两种博弈均衡，如图 5 - 1 所示。

如果军工企业的反应曲线斜率为负，向下倾斜，如图 5 - 1（b）情况，属于低技术溢出的市场情况，表明军工企业的研发强度增加会引起民口企业研发强度的减少，形成竞争替代现象。从直观意义上解释为，军工企业的研发主要是减少了自身的成本，因此而获得相对于民口企业的竞争优势，导致民口企业的盈利能力下降，民口企业只能通过降低研发投入支出来抵消；如果军工企业的反应曲线斜率为正，向上倾斜，如图 5 - 1（a）情况，属于高技术溢出的市场情况，表明

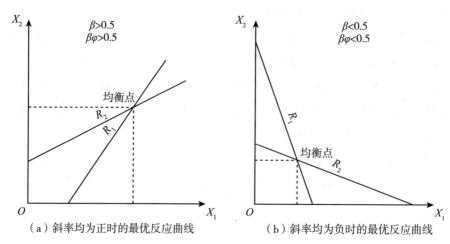

图 5 – 1　不同市场环境下，军民企业研发强度的最优反应曲线

军工企业的研发强度的增加会带动民口企业的研发强度增加，形成竞争互补现象。在直观意义上解释为，军工企业的研发成果外溢到民口企业，使民口企业的成本减少，利润增加，因此可以为民口企业增加自身的研发投入提供更多的资金来源。

以上分析了军工企业与民口企业在有技术外溢市场发生研发竞争的基本条件，和研发强度最优反应曲线的均衡可能的情况，以及解释了其具有的不同现实意义，但并不能得出两种市场环境下具体的均衡水平是多少，尤其是技术差距和军用技术成果转化率对均衡点产生怎样的影响。下一步，本章通过数值分析来讨论这些情况。

5.3　技术差距对研发竞争的影响

研发活动开始前，民口企业与军工企业的技术水平和市场经验等方面存在差距，由于 $K \geq 1$，军工企业具有竞争优势。军工企业与民口企业的技术差距直接影响武器装备初始边际成本和研发投入效率，初始边际成本包含了较大部分的沉没成本，如果企业在后期的研究中无法在弥补掉这些成本，将会在研发竞争中处于弱势，甚至退出市场。

在建立理论模型时，基于 AJ 模型的标准框架，增加了更加贴近军工企业与民口企业研发竞争现实情况的特殊影响因素：初始技术的差异和军用技术成果的保护，为体现武器装备研发比一般研发活动更具规模不经济效应，还增加了武器装备技术难度的参数。这些变量加入模型之后，对博弈均衡的理论分析带来了难度，无法仅从模型上判断各关键变量的变化对研发强度、产量和利润等博弈结果的均衡水平产生的影响。本节通过数值模拟考察模型各主要变量对均衡状态的影响，进一步分析军工企业与民口企业在研发竞争中的行为特征。

数值在满足模型设定时对各参数的基本假定的同时，还需满足命题5.1的充分条件，使均衡解成为定义域的内点解。在此基础上，首先固定一些参数，观察技术差异对研发强度、产量和利润等均衡结果的影响，再讨论其结果以及政策分析。

下面对模型赋值，讨论高低不同技术溢出市场环境下，军工企业与民口企业的技术差距对博弈均衡结果的影响。取 $A = 200$，$B = 1.5$，军工企业生产的产品边际成本 $c = 2$，军用技术成果转化比例 $\varphi = 0.4$[①]，武器装备研发的技术难度 $\sigma = 2$，技术外溢程度的因子取 $\beta = 0.25$ 和 $\beta = 0.75$，分布体现高低两种技术溢出的市场环境。参数的取值满足模型假定和命题5.1的条件，首先讨论低技术溢出市场环境下技术差距对均衡结果的影响。

5.3.1　低技术溢出市场环境下技术差距对均衡结果的影响

1. 技术差距对军工企业与民口企业之间研发竞争的影响（低技术溢出）

首先分析技术差距对军工企业与民口企业之间的研发竞争的影响。在研发强度方面，从图 5 - 2（a）中可以看出，随着技术差距的变大，军工企业的研发强度走势平稳，变化不大，略有上升，而民口企业的研发强度则有较大的下降幅度，特别是从 $K = 1$（没有技术差距）变化到 $K = 2$ 时，研发强度降幅高达67%，这说明在势均力敌的研发竞争中，初始技术差异的微小改变，将迅速打破博弈平衡，给处于劣势的民口企业带来较大的冲击。当 $K = 1$，即军工企业与民口企业没有差距时，民口企业的研发强度远远高于军工企业，是军工企业的 2 倍多，这说明在没有技术差异的情况下，民口企业的研发意愿要远比

[①] 为减少参数变化的影响，保证在高技术溢出市场环境下的取值能满足命题1，取 $\varphi = 0.4$。

军工企业强。随着技术差距的变大，民口企业的研发强度持续下降，但下降幅度开始减小，而军工企业的研发强度略有上升，幅度一直不大，只是在技术差距不大的时候有一个跳跃。根据上节分析，由于低技术溢出市场是竞争替代的，军工企业在技术差距不大时的竞争中，会通过增大自身研发强度来减少对方的研发强度，因此军工企业的提升研发强度引起了民口企业研发强度的降低。但随着技术差距的增大，军工企业凭借着先天的技术优势占据着市场，不需要更多的加大研发强度就可以赢得研发竞争的胜利。在产量和利润方面，从图5-2（b）和（c）可以看出，技术差距的变大，使民口企业出现大幅的下降，而军工企业则出现大幅的增长。图5-2（d）显示了军工企业的市场份额优势，技术差距的越大，市场份额优势越大，市场结构越集中，趋向垄断。

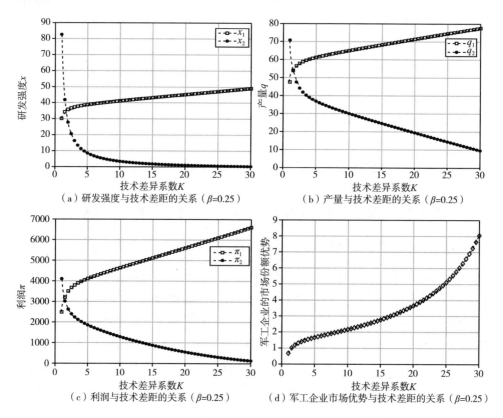

（a）研发强度与技术差距的关系（$\beta=0.25$）

（b）产量与技术差距的关系（$\beta=0.25$）

（c）利润与技术差距的关系（$\beta=0.25$）

（d）军工企业市场优势与技术差距的关系（$\beta=0.25$）

图5-2　技术差距对军民企业之间研发竞争的影响（低技术溢出）

2. 技术差距变化时研发强度博弈均衡点的移动变化（低技术溢出）

图 5 - 3 反映了研发强度博弈均衡点的移动变化，根据上节分析，军工企业与民口企业研发强度的最优反应曲线的斜率由 β 和 φ 决定，因此，技术差异因子并不改变反应曲线的倾斜方向，在选定 $\beta = 0.25$ 和 $\varphi = 0.4$ 后，研发强度最优反应曲线是图 5 - 3 情况，博弈均衡点沿着趋势方向收敛，即均衡点的移动变化呈现非均匀变化现象。技术差距增大，民口企业的研发强度大幅变小，军工企业的研发强度小幅增大，较为稳定。均衡点的收敛表示民口企业的研发强度逐渐趋近于零。这说明技术差距削减了民口企业的研发意愿，研发带来的产品边际成本的降低会用来弥补初始技术造成的边际成本差距，当技术差距较小时，民口企业可以通过良好的激励机制带来的研发效率优势进行竞争，当技术差距大到一定程度时，这种优势变小至微不足道，民口企业的研发意愿将变得非常小，甚至完全退出研发竞争。

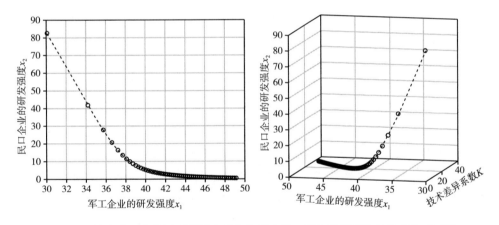

图 5 - 3　技术差距变化时研发强度博弈均衡点的二维和三维变化轨迹（$\beta = 0.25$）

技术差距意味着在军事工业中研发中对企业的初始能力有较大的要求，技术积累越多的企业，将在竞争中将取得优势。博弈均衡的变化客观反映出，军事工业一些大型武器装备的初始边际成本较大，固定成本投入较多，很难通过研发提高的效率来弥补，如果没有前期的技术支撑，企业将无利可图，最后会放弃研发，从而退出军事工业研发领域的竞争。现实中也可以发现，在一些小型武器装备的生产和研发领域，对初级技术积累的要求不高，存在非常多的民口企业在参与市场竞争，占有一定的市场份额。但越往总体和系统级的大型武器装备上发展，对初级技术的积累要求越来越高，大量的民口企业不愿涉足，也很难出现有能长期生存的民口企业，而军工企业的数量则变化不大，研发强度的变化也不大，这与军工企业的初始技术积累有关。由于军工企业大多是国家集中建设，很多技术成果是靠国家支持获得，行政性"支持"赋予了其先天研发竞争优势。

3. 技术差距对社会总福利的影响（低技术溢出）

最后分析不同的初始技术差异下社会总福利的变化。从图5-4（a）中可以看出，社会研发总投入在军工企业与民口企业刚出现技术差距的情况下，变化剧烈，有一个迅速的缩减，随后在技术差距继续增大的情况下，社会研发总投入开始缓慢回升。从图5-4（b）看出，社会总产量一直在减少，同样在军工企业与民口企业刚出现技术差距的情况下，有一个程度剧烈的变化。用社会总产量与研发总投入的比值来体现社会的总研发效率，由图5-4（c）可以看出，在军工企业与民口企业技术差距较小的阶段，研发效率在提高，达到顶峰后开始回落，这是一个有意思的结论：在军事工业的研发竞争中，若民口企业的研发效率高于军工企业，保持军工企业一定程度的初始技术优势，将使军事工业的总研发效率提高。图5-4（d）显示了企业总利润的变化，在军工企业与民口企业刚出现技术差距时，企业总利润急剧减少，当技术差距增大到一定程度时，企业总利润开始回升。这表明，当技术差距不大的情况时，军工企业与民口企业积极进行研发竞争，将企业利润用于研发投入，军工企业的研发投入带来了利润的增长，而民口企业的研发投入并不带来利润的增长，因此急剧减少研发投入，进一步在研发竞争中丢失市场份额，减少利润。在这种情况下，军工企业在竞争中赢得的利润并不多于民口企业损失的利润，因此企业总利润在减少。当技术差距大到一定程度时，民口企业的利润消失殆尽，军工企业开始垄断市场，研发投入将带来丰厚的回报，有超额利润的空间，这种情况下，军工企业在竞争中赢得的利润多于民口企业损失的利润，因此企业总利润开始增大。

总体而言，技术差距会降低民口企业的研发积极性，但由于民口企业具有较高的研发效率，较小的技术差距可以改善市场的竞争效率，虽然社会总产量减少，但提高了社会研发总效率。随着技术差距的进一步增大，民口企业研发效率较高的优势减弱，研发投入不能带来利润回报，民口企业的利润空间变小，逐渐开始退出竞争。军工企业凭借着先天优势，研发积极性一直不强，特别在凭借较大技术优势可以获得市场垄断地位时，研发的目标为获得更多的超额利润，生产

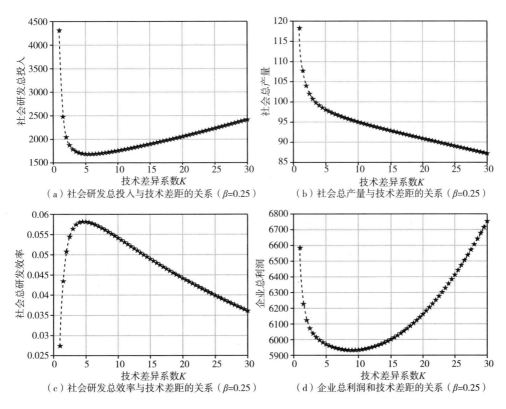

（a）社会研发总投入与技术差距的关系（β=0.25）　　（b）社会总产量与技术差距的关系（β=0.25）

（c）社会研发总效率与技术差距的关系（β=0.25）　　（d）企业总利润和技术差距的关系（β=0.25）

图 5-4　技术差距对社会总福利的影响（低技术溢出）

效率并不高，造成社会总产量减少，社会总研发效率降低。

5.3.2　高技术溢出市场环境下技术差距对均衡结果的影响

1. 技术差距对军工企业与民口企业之间研发竞争的影响（高技术溢出）

接下来，改变市场的技术外溢程度，讨论在高技术溢出市场环境下，技术差距对均衡结果的影响有什么变化。其他参数不变，调整技术外溢程度的因子 β = 0.75。

整体上看，高技术溢出市场环境下，随技术差距的变大，军工企业和民口企业在研发强度、产量和利润方面的均衡点变化趋势，没有太大的变化。具体比较来看，民口企业的研发强度在从 $K = 1$（没有技术差距）变化到 $K = 2$ 时，下降幅度依然较大，高达 57%，但比低技术溢出市场环境下的变化幅度略小。军工企业的研发强度随技术差距的变大走势同样较平稳，趋势在上升之前略有下降。对比图5-5（a）可看出，民口企业的研发强度相对于低技术溢出市场环境下减少了很多，约为低技术溢出市场环境下的一半，而军工企业的研发强度则变化不大。这说明民口企业的研发意愿虽然比军工企业强，但相比低技术外溢的市场环境下自身的研发强度而言，下降了近一半。随着技术差距的变大，民口企业的研发强度继续大幅下降，而军工企业的研发强度略有下降后继续上升，影响不大，说明在高技术溢出市场环境下，研发竞争是互补的，军工企业在技术差距不大时的竞争中，会通过减少自身研发强度来减少对方的研发强度，因此军工企业的减少研发强度引起了民口企业研发强度的降低。随着技术差距的变大，军工企业先天的技术优势足以占据市场，民口企业失去竞争能力，军工企业增加研发强度可以获得更多的超额利润。在产量和利润方面，从图5-5（b）和（c）可以看出，不论存在多大的技术差距，军工企业在产量和利润上都超过民口企业，增大

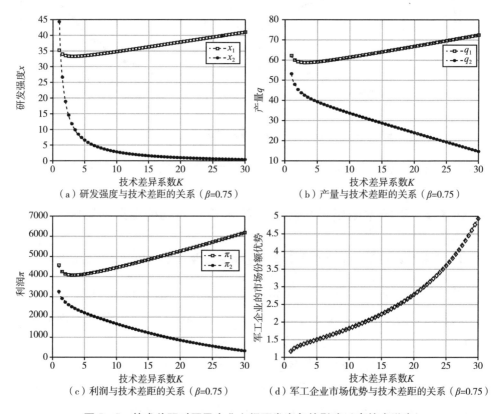

（a）研发强度与技术差距的关系（$\beta=0.75$）　　（b）产量与技术差距的关系（$\beta=0.75$）

（c）利润与技术差距的关系（$\beta=0.75$）　　（d）军工企业市场优势与技术差距的关系（$\beta=0.75$）

图5-5　技术差距对军民企业之间研发竞争的影响（高技术溢出）

技术差距，会进一步加大军工企业和民口企业的产量和利润差距。从图5－5
（d）中看出，随着技术差距的变大，军工企业的市场份额优势均是扩大的趋势，
但对比图5－2（d）发现，在高技术溢出市场环境下，在同样的技术差距下，军
工企业的市场份额优势变小。

2. 技术差距变化时研发强度博弈均衡点的移动变化（高技术溢出）

再看研发强度博弈均衡点的移动变化，如图5－6所示。均衡点的移动变化
显示，技术差距的增大，民口企业的研发强度先是大幅减小，然后小幅减小；军
工企业的研发强度小幅减小，在民口企业的研发强度趋近于零时开始大幅增长。
博弈均衡点的移动变化也是收敛的。对比图5－3看，在军工企业与民口企业技
术差距较大时，博弈均衡点的移动趋势一致；在军工企业与民口企业技术差距较
小时，低技术溢出市场环境下的竞争替代现象使军工企业增大研发强度来降低民
口企业的研发强度，而高技术溢出市场环境下的竞争互补现象使军工企业减小研
发强度来降低民口企业的研发强度。

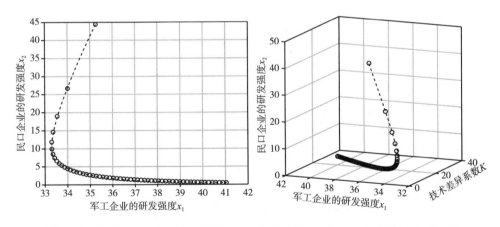

图5－6　技术差距变化时研发强度博弈均衡点的二维和三维变化轨迹（$\beta = 0.75$）

3. 技术差距对社会总福利的影响（高技术溢出）

高技术溢出市场环境下社会总福利随技术差距的变化总体不大，略有区别。
通过图5－7（a）、（b）和（d）可以看出，高技术溢出环境下社会研发总投入、
社会总产量和企业总利润随技术差距的增大，变化趋势一致。但从数值上观察，
不同的技术差距下，高技术溢出市场环境中的社会研发总投入都出现了大幅减

少，而社会总产量变化不大。出现这样情况的主要原因在于，民口企业在高技术溢出市场环境下"搭便车"的效应更为明显，减少了研发投入，降低了社会研发总投入，技术外溢使民口企业可以利用军工企业的研发成果，重复研发的浪费减少，效率得到了提升，因此在社会总产量不变的情况下，企业总利润有了大幅提升。通过图5-7（c）发现，在高技术溢出环境下社会研总发效率整体较高，但也存在一个最优的技术差距，使研发竞争带来的社会总研发效率最高。

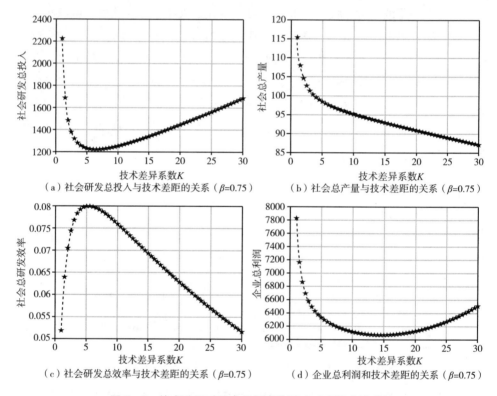

（a）社会研发总投入与技术差距的关系（β=0.75）　　（b）社会总产量与技术差距的关系（β=0.75）

（c）社会研发总效率与技术差距的关系（β=0.75）　　（d）企业总利润和技术差距的关系（β=0.75）

图5-7　技术差距对社会总福利的影响（高技术溢出）

下面总结两种技术溢出市场环境下企业研发策略的变化。对比两种技术溢出市场环境下研发强度的变化可以发现：对于军工企业，在两种技术溢出市场环境下，若具有较大的技术差距优势，只要保持较为稳定的研发强度，则可凭借初始技术优势占据市场份额。若技术差距优势较小，则需要根据市场的技术外溢程度来决定研发行为，低技术外溢市场环境下，会选择增加研发强度来进行竞争，高技术外溢市场环境下，会选择减少研发强度来进行竞争。对于民口企业，由于存在技术差距，只能选择减少研发强度来进行竞争。若技术差距较小，民口企业通过大量减少研发强度，凭借研发高效率的优势进行竞争。若技术差距较大，民口企业自身研发高效的优势不再体现，研发强度会降低至很小的范围，甚至退出竞争。

对比不同的技术外溢市场环境，我们还可以发现，在高技术外溢市场环境下，企业都会整体降低自身的研发强度，大量减少研发投入，通过技术外溢在研发上"搭便车"。这种情况在不同的技术差距上都存在，但随着技术差距的增大，由于民口企业的研发强度越来越低，军工企业"搭便车"的效果越来越小，而民口企业从军工企业的初始技术成果和研发强度中"搭便车"的机会越来越多，更加减少自身的研发投入。因此，越大的技术差距，使民口企业在研发上"搭便车"的可能性越大，若技术差距过大，民口企业则停止研发活动，完全靠技术外溢获取利润，最终退出研发竞争。

以上讨论了低技术溢出和高技术溢出两种不同市场环境下，技术差距对军工企业与民口企业的研发竞争的影响，以及对社会总福利的影响，并对比了两种市场环境下不同的影响程度，得出的主要结论有：

（1）在军事工业生产领域的研发竞争中，民口企业与军工企业之间具有技术差距，这种差距大幅降低了民口企业的研发意愿，但并没有显著提高军工企业的研发意愿。技术差距较小，军工企业与民口企业之间研发竞争激烈，社会研发总效率较高，且存在一个最优的技术差距，使研发竞争带来的社会研发总效率最高。之后，技术差距越大，民口企业的研发意愿越低，最终会退出研发竞争。

（2）技术差距会造成军事工业社会总产量的下降。民口企业与军工企业之间的技术差距越大，社会总产量下降越多。

（3）尽管技术差距会造成社会总产量的下降，但在高技术溢出的市场环境下，企业可以通过技术溢出在研发上更好地共享对方的技术成果，社会研发总效率相对低技术溢出的市场环境有较好的改善。

5.4　军用技术成果转化率对研发竞争的影响

在集中发展军事工业的时期，国家投入了大量的资金进行技术研发，形成的军用技术成果都被严格保护起来，即使是基础制造领域的部分也不对民口企业开放。随着军民融合发展战略的实施，部分军用技术成果得以开放，但转化不足，因此民口企业可以通过技术外溢获得的军用技术成果有限，而民用技术作为开放体系，大部分可以通过技术外溢被军工企业所利用。按照这个原则建立的理论模型中，军工企业的技术外溢部分存在着不同比例，民口企业的技术外溢则保留较少。这增强了军工企业的研发竞争优势：一是可以从民口企业研发的技术溢出中获得收益，二是可以分享军用技术成果本身的价值。下面通过改变模型中的部分参数的取值，来分析军用技术成果转化率对民口企业参与军事工业研发领域竞争的影响。

5.4.1　低技术溢出市场环境下军用技术成果转化率对均衡结果的影响

首先讨论低技术溢出市场环境下，军用技术成果转化率 φ 大小对研发竞争的均衡结果产生的影响。参数设定如下，取 $A = 200$，$B = 1.5$，武器装备的初始边际成本 $c = 2$，武器装备研发的技术难度 $\sigma = 2$，同样取技术外溢程度的因子 $\beta = 0.25, \beta = 0.75$，根据前文分析，军工企业与民口企业的技术差距较小的情况下，研发竞争效果较好，因此取技术差距系数 $K = 2$。为满足命题 5.1 的条件，当 $\beta = 0.75$ 时，φ 的取值限定在 $[2/3, 1]$，这样，参数的取值满足模型假定和命题 5.1 的条件，下面对结果进行逐一分析。

1. 军用技术成果转化率对军工企业与民口企业之间研发竞争的影响　（低技术溢出）

图 5 - 8（a）显示了军民企业的研发强度方面情况，从图中可以看出，不论军用技术转化率如何变化，军工企业的研发强度一直高于民口企业。在军用技术成果转化率为 0 时，民口企业的研发强度最低，而军工企业的研发强度最高，说明在军用技术绝对封闭的情况下，民口企业虽然有研发效率的优势，但研发的积极性差，涉足军事工业生产领域意愿不高。随着军用技术成果转化率的上升，军工企业的研发强度逐渐减少，而民口企业的研发强度开始增加，从变化幅度上看，军工企业减少的研发强度幅度要大于民口企业的研发强度增加的幅度。

图 5 - 8（b）反映了军民企业的产量方面情况，从图中可以看出，凭借初始技术的优势，军工企业的产量始终高于民口企业。随着军用技术成果转化率上升，民口企业的产量增加，而军工企业的产量减少，说明在军事技术越封闭，民口企业参与军品生产意愿和产量越低。从变化幅度上看，军工企业减少的产量幅度与民口企业的产量增加的幅度大致相当。均衡时的产量的对比反映市场份额的占有情况，由图 5 - 8（d）可以看出，军工企业的市场份额优势逐渐下降，当军用技术成果转化率为 1 时，市场份额趋于相近。

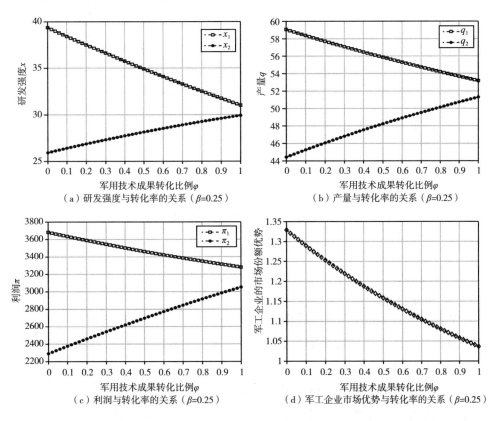

图 5 - 8　军用技术成果转化率对军民企业之间研发竞争的影响（低技术溢出）

图 5 - 8（c）反映了军民企业的利润方面情况，从图中可以看出，在有初始技术优势的情况下，军工企业的利润始终高于民口企业，但随着军用技术成果转化率上升，军工企业的利润逐渐下降，民口企业的利润大幅上升，两者之间的差距越来越小。

2. 军用技术成果转化率变化时研发强度博弈均衡点的移动变化 （低技术溢出）

随着军用技术成果转化率上升，军民企业研发强度的博弈均衡点的移动呈现均匀变化的现象，即不存在大幅跳跃的变化，如图5-9所示。均衡点的移动变化显示，军用技术成果转化率上升，会使军工企业和民口企业的研发强度最终趋向于相当的水平。

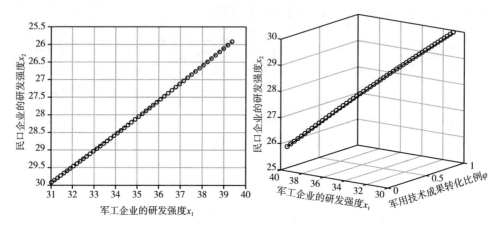

图5-9 军用技术成果转化率变化时研发强度博弈均衡点的
二维和三维变化轨迹（$\beta = 0.25$）

3. 军用技术成果转化率对社会总福利的影响 （低技术溢出）

从社会总福利的角度上看，图5-10（a）和（b）的数据反映了一个事实，随着军用技术成果转化率的上升，社会研发总投入在减少，而社会总产量却总体平稳，略有增长。这说明提高军用技术成果转化率，将带来社会研发总效率的大幅提升，如图5-10（c）所示，同样的产量研发投入更少，这得益于军用技术成果保护的限制减少，民口企业参与意愿增加，加上民口企业高效率的研发，带动了社会总研发效率的提升。再来观察军民企业的利润变化情况，从图5-10（d）可以看出，利润总额随着军用技术成果转化率增大呈上升趋势，这说明提高军用技术成果转化率，虽然使军工企业降低了利润，但民口企业高效的研发带来的盈利不仅弥补了军工企业损失的利润，还带来了更多的利润，使企业总利润出现上升。企业总利润的提高说明军事工业不仅研发效率在提高，企业总的盈利能力也在提高，表明了军事工业经济运行质量效益在提高。

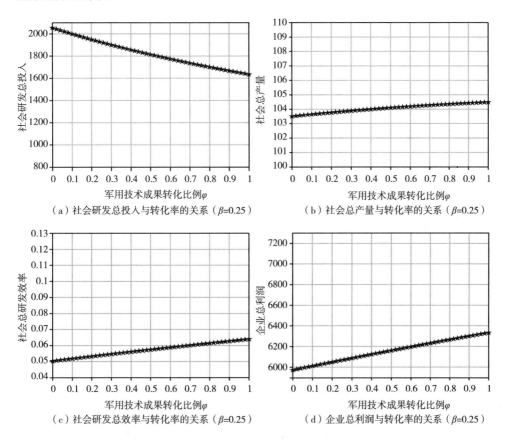

（a）社会研发总投入与转化率的关系（β=0.25）　（b）社会总产量与转化率的关系（β=0.25）

（c）社会研发总效率与转化率的关系（β=0.25）　（d）企业总利润与转化率的关系（β=0.25）

图 5-10　军用技术成果转化率对社会总福利的影响（低技术溢出）

以上分析说明，在市场低技术外溢情况下，提高军用技术成果转化率，将带来军事工业研发效率的帕累托改进。

5.4.2　高技术溢出市场环境下军用技术成果转化率对均衡结果的影响

再来分析市场存在高技术外溢的情况，其他参数固定不变，为满足命题 5.1 的条件，当 $\beta = 0.75$ 时，φ 的取值限定在 $[2/3, 1]$，这样，参数的取值满足模型假定和命题 5.1 的条件。

1. 军用技术成果转化率对军工企业与民口企业之间研发竞争的影响（高技术溢出）

图 5 – 11（a）、（b）和（c）分别显示了军民企业的研发强度、产量和利润方面情况，从图中看出与低技术溢出市场环境下的情况类似，不论军用技术转化率如何变化，军工企业的各类数据都始终高于民口企业，图 5 – 11（d）显示的市场优势变化的趋势也相近。

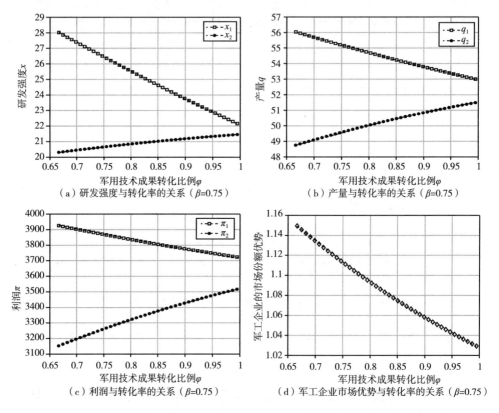

图 5 – 11　军用技术成果转化不足对军民企业之间研发竞争的影响（高技术溢出）

2. 军用技术成果转化率变化时研发强度博弈均衡点的移动变化（高技术溢出）

高技术溢出市场环境下，军民企业研发强度的博弈均衡点的移动与低技术溢出市场环境下的变化一致，呈现均匀变化的现象，不存在大幅跳跃的变化，如图 5 – 12 所示。

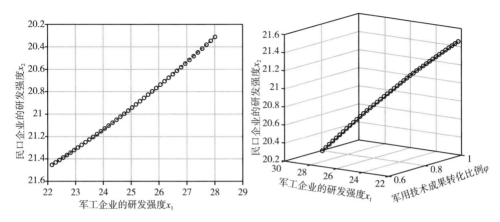

**图 5 – 12 军用技术成果转化率变化时研发强度博弈均衡点的
二维和三维变化轨迹（β = 0.75）**

3. 军用技术成果转化率对社会总福利的影响（高技术溢出）

社会总福利方面，从图 5 – 13（a）、（b）和（d）可以发现，在高技术外溢的市场情况下，社会研发总投入、社会总产量和企业总利润的变化方面的趋势并无大的改变，但与低技术外溢市场环境下的整体水平相比，高技术外溢市场环境下出现了一些变化，具体而言，社会研发总投入的整体水平大幅下降，社会总产量的水平保持大致相当，研发总效率大幅提升，企业总利润也大幅上升。这说明在高技术外溢的市场环境下，提高军用技术成果转化率带来的社会总福利起点更高，变化更快，一方面，民口企业可以在市场中获得军用技术成果转化的收益，另一方面，军工企业可以在市场中获得民口企业研发高效率的收益，双方都存在相互"搭便车"的情况。图 5 – 13（c）显示，在高技术外溢的市场环境下，社会研发总效率会增加，且提高军用技术成果转化率，同样也会进一步带来军事工业研发效率的帕累托改进。

以上通过改变军用技术成果转化率，讨论了对军工企业与民口企业的研发竞争的影响，以及对社会总福利的影响，并对比了低技术溢出和高技术溢出两种不同市场环境下的影响程度，得出的主要结论有：

（1）提高军用技术成果转化率，将增加民口企业的研发意愿，促进其参与军事工业的研发竞争。提高军用技术成果转化率，可以打破军工企业凭借初始技术优势获得的市场垄断地位，改变市场结构，使民口企业获得更多的市场份额。

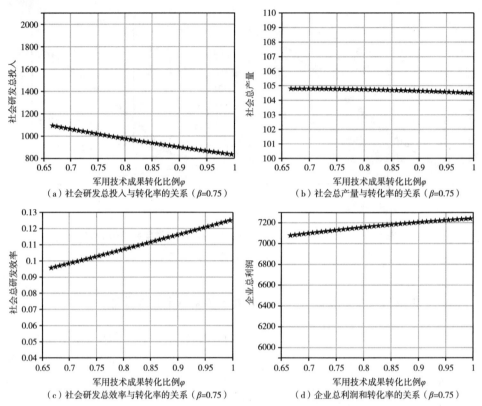

图 5-13　军用技术成果转化率对社会总福利的影响（高技术溢出）

同时，减少军工企业的市场份额不会造成军事工业的总产量的下降。这回应了一些学者提出的开放军事工业会造成武器装备供给不足的疑问。

（2）提高军用技术成果转化率，可以减少民口企业对相关技术的重复研究，提升社会研发总效率。尤其是在高技术溢出的市场环境下，提高军用技术成果转化率，社会研发总效率更高，研发效率的帕累托改进效果更明显。

5.5　民口企业进入研发领域参与竞争的政策建议

根据结论可见，合理调整军工企业与民口企业之间的技术差距和提高军用技术成果转化率，可以提高民口企业的研发积极性和增加研发投入，促进民口企业进入军事工业研发领域，有效地提升军事工业的研发效率，降低武器装备的单位边际成本。对此，政府可以利用"有形的手"对上述两个"不对称"的现象进行有效的调节，促进研发竞争并提升研发效率，因此，对军事工业研发领域促进民口企业参与竞争给出如下政策建议：

第一，研究表明军民企业之间过大或过小的技术差距会降低社会研发总效率。因此，政府应该把握好对军工企业的扶持力度，可以根据军事工业涉及不同行业的发展现状，动态调节对军工企业资产注入程度，以保持最优技术差距。对于军民融合发展比较成熟的行业领域，应保持对军工企业一定的支持，但不应过度扶持；对于尚无民口企业参与的行业领域，应减少对军工企业的扶持。同时，政府应开放国防实验室和试验场所等大型设施，缩小军民标准、计量等方面的差异，规范竞争平台，才能使民口企业与军工企业公平开展研发竞争。

第二，政府应进一步促进军用技术成果转化，规范军用技术成果定密解密机制，加快对军用技术成果的转化，提高社会研发总效率。对于存量的、已过专利保护期的军用技术成果，政府可以通过修订法律法规、加强督查力度和完善专利补偿机制等方式，督促军工企业将这些军用技术成果进行转化；对于增量的、未过军用技术成果期的军用技术成果，应修改保密规定，对不涉及国家安全的军用技术进行强制解密。事实上，发达国家为了提高军用技术成果转化率，每年都会组织专家解密不再需要保密的专利成果。例如，美国通过"保密令"限制军用技术成果的专利保密期限为一年，保护期满后自动转为普通专利。

第三，研究表明相比低技术溢出的市场环境而言，高技术溢出的市场环境下社会研发总效率更好。因此，政府应进一步完善军民协同创新机制，提高军事工业领域的技术溢出率，有利于将低技术溢出转变为高技术溢出市场环境，从而提高军事工业的整体研发效率。军工企业与民口企业应该更多地进行合作研发，科研人员通过共享研究成果相互借鉴与学习，推动军用和民用技术的融合。政府应积极支持企业围绕军事战略需求，聚焦具有战略性、带动性、全局性的重大共性关键技术，组建军用技术创新联盟，有效开展研发合作。

本章小结

本章重点关注军工企业与民口企业之间的技术差距和军用技术成果转化率两个行政垄断政策惯性下形成的"不对称"因素，研究其对民口企业参与军事工业研发积极性和研发投入意愿的影响，并给出了促进民口企业进入军事工业研发领域参与竞争，提高军事工业整体研发效率的政策建议。

  本章基于博弈模型对军工企业与民口企业之间的研发竞争的博弈均衡过程进行了分析，并对模型进行数值模拟，讨论了技术差距对博弈均衡的影响。研究认为，技术差距大幅降低了民口企业的研发意愿，但并没有显著提高军工企业的研发意愿。较小的技术差距可以促进军工企业与民口企业之间的研发竞争，提升社会研发总效率，且存在一个最优的技术差距，保持最优的技术差距可以使研发竞争带来的社会研发总效率最高。

  本章还基于博弈模型的数值模拟得出的结论，讨论了军用技术成果转化率对博弈均衡的影响。研究认为，军用技术成果转化率不足虽然降低了民口企业的研发意愿，但一定程度保护了军工企业的研发意愿。提高军用技术成果转化率可以促进军工企业与民口企业之间的研发竞争，打破军工企业凭借技术优势获得的市场垄断地位，改变市场结构，使民口企业获得更多的市场份额，并提升社会研发的总效率。在航天、电子等高技术溢出的行业中，军工企业和民口企业之间可以通过技术溢出在研发上更好地共享对方的技术成果，相对兵器等低技术溢出的行业，社会研发总效率有较大的提升，研发效率的帕累托改进效果更明显。

  本章最后根据对两个"不对称"因素进行分析得出的结论，从改变政府扶持力度、促进军用技术成果转化和完善军民协同创新机制等方面给出了促进民口企业参与军事工业研发领域竞争的政策建议，以提高军事工业整体研发效率，提升军事工业的高端供给能力。

第 6 章 结论与政策建议

6.1 主 要 结 论

我国军事工业经历了半个多世纪的集中发展和行政垄断，形成了军工企业的垄断局面，虽然经历了多次的改革，军工企业垄断格局变化不大，只是垄断形式在不断演变。长期垄断发展的军事工业已经不能适应新时期的国防建设和经济建设协调发展的大局，需要发挥市场作用，促进民口企业参与生产和研发领域的竞争，来激发企业活力，实现资源的优化配置和效率提升。

本书首先深入分析了我国军事工业发展各个时期的垄断形成和演变过程，从历史视角出发总结出垄断产生的原因和变化的特点，提出了推进军民融合时期军事工业出现了经济垄断的观点。在此基础上进一步研究形成的经济垄断新格局，基于 SCP 模型分析了我国军事工业的产业特征、市场结构、市场行为和市场绩效，并通过实证研究总结出影响民口企业竞争、提高军事工业市场绩效的关键因素。接下来从分析得出的政府投资、军民工业标准差异、技术差距和军用技术成果转化率四个关键因素入手，通过博弈论方法分别从生产和研发两个领域进行深入分析，论证了这些关键因素如何造成了军事工业的经济垄断，从经济学角度深层次剖析民口企业进入军事工业的困难的机理，并针对分析结论提出在促进民口企业进入军事工业生产和研发领域参与竞争的政策建议。具体而言，本书研究得出的主要结论有：

（1）从历史发展而言，我国军事工业的垄断发展经历了计划经济时期的"集中发展"、改革探索时期的"行政垄断"和推进军民融合时期的"经济垄断"的三个不同阶段。集中发展时期形成了军事工业垄断发展的思想观念，改革探索时期缔造了政企合一、"大而全、小而全"、自我封闭和内部循环的军工企业，在政策法规的保护下对军事工业实施行政垄断。推进军民融合时期由于军事工业降低了市场准入门槛，一些行政垄断的壁垒被打破，军事工业的垄断开始以更复杂的形式存在，开始出现经济垄断的新格局，军工企业利用先天的优势阻止民口企业进入，形成经济垄断的局面。这种新的垄断格局呈现出三个变化趋势：一是行政垄断会进一步减弱，行政性经济垄断会进一步增加；二是政府行为和现有制度依然对垄断的形成产生影响，但会进一步隐藏在市场自发产生的垄断行为中；三是垄断目的发生变化，追求利润将会成为垄断者的主要目的。

（2）从产业组织而言，我国军事工业有三个方面的产业特征。一是产业链呈现为"三级倒锥形"结构，存在自下而上的产品供给失衡，需要引导民口企业来补充和扩大市场主体。二是产品依据对国家安全的重要程度分为核心战略总体和非核心基础制造领域的产品，非核心基础制造领域产品范围逐步扩大。三是市场竞争具有二元化的性质，分为战略总体领域的有限竞争和基础制造领域的充分竞争。基于这样的产业特征，进一步研究发现，我国军事工业基础制造领域的市场结构存在经济垄断，从企业规模和市场份额上看垄断者均为军工企业，民口企业的市场份额较小。在产业特征影响的市场结构下，军事工业市场主体的价格竞争行为体现在有限市场空间的成本竞争上，非价格竞争行为主要体现在产品降低成本的研发竞争上。经济垄断下的军事工业基础制造领域的市场绩效相比于民用相关领域的市场绩效整体偏低，政府投资、军民工业标准差异、技术差距和军用技术成果转化率是影响民口企业竞争和军事工业市场绩效的关键因素，这些因素隐藏在市场行为中难以发现。

（3）政府投资和军民工业标准差异两个现有行政性支持和政策惯性下的"不对称"因素，对民口企业进入军事工业生产领域参与竞争产生影响。政府投资为军工企业提供了先期资金，使军工企业可以提前进行产能布局，在市场竞争中阻止一般竞争水平的民口企业进入市场；政府如果为军工企业提供超额投资，则军工企业可以实施掠夺性行为，向市场发出威胁信号，迫使较高竞争水平的民口企业放弃进入市场；政府对军工企业的投资虽不能阻止高竞争水平民口企业进入市场，但会将其进入后的市场份额限制在较小的范围内。减小军民工业标准差异会提高市场的整体竞争效率，抬高市场进入门槛，淘汰参与竞争的部分低能力的军工企业和民口企业，同时会减少军工企业具有威胁性质的掠夺性行为，促进了市场的公平竞争。但在存在政府对军工企业投资的条件下，减小军民工业标准差异会使军工企业借助政府投资的力量阻止更多的民口企业进入市场。因此，应从改变政府投资方式、健全政府投资的公平机制、引导其他资本进入和加快军民工业标准的融合等方面实施促进民口企业进入军事工业生产领域参与竞争的政策。

（4）军工企业与民口企业的技术差距和军用技术成果转化率不足两个历史垄断形成的先天优势带来的"不对称"因素，对民口企业参与军事工业研发领域的竞争产生影响。技术差距和军用技术成果转化率都不同程度地影响了民口企业的研发意愿。技术差距大幅降低了民口企业的研发意愿，但并没有显著提高军工企业的研发意愿；军用技术成果转化率不足，虽然降低了民口企业的研发意愿，但一定程度保护了军工企业的研发意愿。较小的技术差距可以促进军工企业与民口企业之间的研发竞争，提升社会研发总效率，且存在一个最优的技术差距，保持最优的技术差距可以使研发竞争带来的社会研发总效率最高。提高军用技术成果转化率可以促进军工企业与民口企业之间的研发竞争，打破军工企业凭借政策惯性优势获得的市场垄断地位，改变市场结构，使民口企业获得更多的市场份额，并提升社会研发的总效率。在航天、电子等高技术溢出的行业中，军工企业和民口企业之间可以通过技术溢出在研发上更好地共享对方的技术成果，社会研发总效率相对兵器等低技术溢出的行业有较大的提升，研发效率的帕累托改进效果更明显。因此，应从改变政府扶持力度、促进军用技术成果转化和完善军民协同创新机制等方面实施促进民口企业进入军事工业研发领域参与竞争的政策。

6.2 政策建议

目前我国军事工业基础制造领域的持续垄断难以适应新时期的发展趋势，造成资源配置和创新效率低下。在军民融合深度发展的过程中需要积极推进"民参军"，破解影响民口企业参与军事工业竞争的关键因素，在减少政府行政性支持的同时，深化军事工业的市场化改革和制度创新。特别是在对军事工业进行市场化改革的同时，要关注现阶段军工企业利用行政垄断保留的强大势力继续实施经济垄断的特点，充分利用市场化的手段来解决军事工业的垄断与民口企业的竞争问题。当前，军事工业大部分领域市场准入门槛已经降低，行政壁垒基本消除，政府应防止历史惯性和政策造成的影响进一步加剧军工企业的经济垄断。同时，政府在制定军事工业相关改革政策时，应更多听取和吸收民口企业的意见和建议，摒弃完全由军工企业充当政策顾问的历史做法，促进军事工业市场化改革后实现公平竞争的目标。

根据全书的研究结论，我们提出具体的政策建议。

（1）根据军事工业的产业特征，政府应着力对现阶段产业链的结构进行调整，以改善产品自下而上供给失衡和创新不足的局面，应充分引导民口企业来补充和扩大市场主体，形成现代军事工业高效的"三级金字塔"体系结构。针对现阶段军事工业经济垄断存在的弊端，未来发展应该以完善"三级金字塔"产业链的结构为抓手，采用市场化改革措施，降低经济垄断程度，为民口企业进入军事工业基础制造领域创造条件，提高生产和研发效率。在引导民口企业进入时，要科学分析和论证军事工业产品中涉及国家安全的程度，规范军事工业战略总体和基础制造领域产品的划分，在基础制造领域要进一步加强政府服务意识，为民口企业参与市场竞争提供主动的政策宣讲和咨询。

（2）政府对军工企业的直接投资是民口企业参与军事工业生产领域竞争的最大问题所在，因此亟待改革完善政府投资政策。第一，应改变政府投资方式，不分军民属性，以项目为对象，不管是军工企业还是民口企业，都可以通过公平竞争来获取政府的投资。为避免国有资产流失和道德风险，政府投资的机制可以采取事后补偿或者贴息贷款的方式。第二，健全政府投资的公平机制，凡是市场能够配置资源的，政府不再投资；对于因股权原因难以投入到民口企业的，对同一竞争领域的军工企业也不投资入股；有政府投资比例限制的，军工企业和民口企业保持一致。第三，引导其他资本进入，尤其鼓励民间资本进入军事工业进行投资建设，凡是符合基本要求的，不应限制其投资比例，并给予一定的政策优惠。第四，政府还可以鼓励或组织建立军民融合类的产业基金，在基金投资的范围中对民口企业一视同仁。

（3）在改革完善政府投资政策的基础上，还需要进一步促进军民工业标准的融合。政府应统筹规划军品生产的通用性技术标准，与先进适用的民用标准有效衔接，构建行业统一、军民协调、彼此兼顾的军事工业标准体系，鼓励军工企业和民口企业共同制定军品工业标准，推动军民产品技术和标准逐步统一。

（4）政府应把握好对军工企业研发能力的扶持力度，根据军事工业涉及不同行业的发展现状实施动态调节，与此同时，允许并鼓励军民企业共享军工科研基础设施，激发民口企业的研发积极性，以保持军民企业之间存在最优技术差距，实现军事工业研发的社会总效率最高。

（5）政府应制定专项政策措施和规范军用技术成果定密解密机制，促进军用技术成果转化。对于存量的、已过专利保护期的军用技术成果，要通过修订法律法规、加强督查力度和完善专利补偿机制等方式，督促军工企业将这些军用技术成果进行转化；对于增量的、未过专利保护期的军用技术成果，应修改保密规定，对不涉及国家安全的军用技术进行强制解密。同时还应完善军民协同创新机制，通过开放国防实验室和试验场所等科研设施，以及建立专项资金和科研项目等方式支持军工企业与民口企业组建军用技术创新联盟，围绕提高军事工业整体生产效率的重大共性关键技术开展合作研发。

6.3　研究展望

随着军民融合发展战略实施的不断深入，我国军事工业的开放范围和程度将进一步扩大，军工企业实施垄断的方式将更多地由传统的行政垄断转为行政性"支持"下的经济垄断。这种经济垄断的复杂性远大于行政垄断，其手段也更具有隐蔽性和多样性。

长期以来军事工业的垄断受到政府的行政保护，给予了军工企业很多先天优势，成为其利用市场势力实施经济垄断的行政性"支持"。行政性"支持"下的经济垄断与市场竞争下形成的经济垄断有区别，这种经济垄断并没有经历市场竞争的筛选和优质资源的重新分配和整合，既不会产生垄断带来的规模经济效率，还会排斥民口企业参与市场竞争，阻碍军事和民用工业的资源优化配置。

我国军事工业的市场化改革仍在进行中，学界对出现的这种经济垄断现象的研究尚处于起步阶段，军工企业很多隐藏在行政性"支持"下的经济垄断方式尚未被了解和发现，使得打破垄断和促进民口企业进入军事工业相关领域参与竞争的很多措施和政策不能真正发挥作用。本书尝试在解决这些问题方面做出一些努力，仍存在很多不足的方面，作者认为还有以下几个方面问题的研究值得拓展和进一步深入：

（1）军事工业中的核心战略总体能力，由于高成本投入和国家安全等因素，必须采用行政垄断的方式进行支持和保护，实施有限竞争。行政垄断和经济垄断的形式将会在推进军民融合发展时期同时存在，界限模糊。本书区分和论证了这两类垄断的存在，但如何客观、合理以及动态地把控垄断与竞争的最优分界面，充分发挥军民融合的优势，在确保国家军事工业安全的基础上，最大化提高生产和研发效率，是下一步研究的方向之一。

（2）行政性"支持"造成军工企业实施经济垄断的先天优势较多，很多优势的隐蔽性强，不易发现，但对民口企业参与军事工业的竞争产生较大影响。本书从最为关键和较为明显的方面找出四个因素进行分析，研究了军工企业借助行政性"支持"实施经济垄断的部分内在机理，提出了促进民口企业进入军事工业生产和研发领域参与竞争的一些政策建议，但仍有一些隐藏在经济活动中的行政性"支持"没有发现，需要进一步开展研究和分析，找出军工企业实施经济垄断的更多深层次的原因。

（3）书中提出为促进民口企业进入军事工业生产领域参与竞争，需要对政府投资的方式进行改善。但从现有的状况看，政府在军事工业中的投资处于"两难"的局面：一方面，政府为了国家安全必须保障军事供给能力，不得不进行能力保障建设，投资于生产企业部分产能；另一方面，直接投资于军工企业会导致其进入垄断者地位，阻碍民口企业进入市场，减少市场竞争，难以提高军事工业的资源配置效率。虽然本书提出了事后补偿机制的政策建议，但在一些市场竞争效果不明显的领域，政府仍然需要向军工企业直接投资，这对政府来说也是一个难以权衡的决策，怎样在事后补偿与直接投资的比例之间进行调节，动态调节还是固定比例，也是下一步需要研究的重要内容。

参考文献

[1] Adams G.. The Politics of Defense Contracting: The Iron Triangle [J]. Foreign Affairs, 1982, 60(4):11 - 58.

[2] Adams W.. The American Economic Review [J]. Papers and Proceedings of the Eightieth Annual Meeting of the American Economic Association, 1968, 2(58): 652 - 665.

[3] Aggarwal R. K., Samwick A.. Why Do Managers Diversify Their Firms? Agency Reconsidered [J]. Journal of Finance, 2003, 58(2): 71 - 118.

[4] Aghion E., Bronfin B., Eliezer D.. The Role of the Magnesium Industry in Protecting the Environment [J]. Journal of Materials Processing Tech, 2001, 117(3):381 - 385.

[5] Ahimud Y., Lev B.. Risk Reduction as a Managerial Motive for Conglomerate Mergers [J]. Bell Journal of Economics, 1981, 12(9): 605 - 617.

[6] Anderton C. H.. Defense Conversion: Transforming the Arsenal of Democracy [J]. Political Science Quarterly, 1996, 111(4):721.

[7] Baldwin J.. The Dynamics of Industrial Competition [M]. MA: Cambridge University Press, 1995.

[8] Baniak A., Dubina I.. Innovation Analysis and Game Theory: A review [J]. Innovation, 2012, 14(2):178 - 191.

[9] Barro R., Martin S.. Economic Growth [M]. New York: McGraw-Hill, 1995.

[10] Baumol W. J.. On the Proper Cost Tests for Natural Monopoly in a Multiproduct Industry [J]. American Economic Review, 1977, 67(5):809 - 822.

[11] Baumol W. J.. Predation and the Logic of the Average Variable Cost Test [J]. Journal of Law & Economics, 1996, 39(4): 49 - 72.

[12] Bernheim B. D., Whinston M D.. Multimarket Contact and Collusive Behavior [J]. Rand Journal of Economics, 1990, 21(3): 1 - 26.

[13] Bischi G. I., Lamantia F.. A Dynamic Model of Oligopoly with R&D Externalities along

Networks. Part II [J]. Mathematics & Computers in Simulation, 2012, 84(84):66 – 82.

[14] Bishop P.. Collaboration and Firm Size: Some Evidence from the UK Defense Industry [J]. Applied Economics, 2003, 35: 1965 – 1969.

[15] Bitzinger R. A.. Civil-Military Integration and Chinese Military Modernization [J]. Asia-Pacific Center for Security Studies, 2004, 3(9): 34 – 39.

[16] Blom M., Castellacci F., Fevolden A. M.. The Trade-Off between Innovation and Defense Industrial Policy: A Simulation Model Analysis of the Norwegian Defense Industry [J]. Technological Forecasting & Social Change, 2013, 80: 1579 – 1592.

[17] Bollinger M., Hamilton B A.. Vertical Integration in the U. S. Defense Industry [J]. Paper Presented to the Defense Science Board, 2007, 12(7):198 – 200.

[18] Bolton P., Scharfstein D.. A Theory of Predation Based on Agency Problems in Financial Contracting [J]. American Economic Review, 1990, 80(3): 93 – 106.

[19] Bowley A. L.. The Mathematics Groundwork of Economics [M]. UK: Oxford University Press, 1924.

[20] Brady R. R., Victoria A. G.. Competing Explanations of U. S. Defense Industry Consolidation in the 1990s and Their Policy Implications [J]. Contemporary Economic Policy, 2010, 2(28): 288 – 306.

[21] Brodley J., Bolton P., Riordan M.. Predatory Pricing: Strategic Theory and Legal Policy [J]. Georgetown Law Review, 2001, 88(8): 2239 – 2360.

[22] Brommelhorster J., Frankenstein J.. Mixed Motives, Uncertain Outcomes: Defense Conversion in China [J]. Pacific Affairs, 1999, 41 (71):413.

[23] Brown C., Lattin J.. Investigating the Relationship between Time in Market and Pioneering Advantage [J]. Management Science, 1994, 40(10): 1361 – 1369.

[24] Brzoska M.. Success and Failure in Defense Conversion in the 'Long Decade of Disarmament' [J]. Handbook of Defense Economics, 2007(2):1177 – 1210.

[25] Brzoska M., Wilke P., Wulf H.. The Changing Civil-Military Production Mix in Western Europe's Defense Industry [M]. Council on Foreign Relations Press, 1999.

[26] Cable J., Schwalbach J.. International Comparisons of Entry and Exit [M]. Oxford: Blackwell Publishers, 1991.

[27] Carlos P. B.. Governance and Incentive Regulation in Defence Industry Enterprises: A Case Study [J]. European Journal of Law and Economics, 2005, 20: 87 – 97.

[28] Chang M. C., Ho Y. C.. Comparing Cournot and Bertrand Equilibria in an Asymmetric Duopoly with Product R&D [J]. Journal of Economics, 2014, 113(2):133 – 174.

[29] Choi J. P.. Cooperative R&D with Product Market Competition [J]. International Journal of

Industrial Organization, 2004, 11(4): 553 – 571.

[30] Choi S. C.. Price Competition in a Channel Structure with a Common Retailer [M]. Informs, 1991.

[31] Clarkson K. W., Miller R. L.. Industrial Organization: Theory, Evidence, and Public Policy [M]. New York: Mc Graw-Hill Book Company, 1982.

[32] Connor J. M.. Global Price Fixing: Our Customs Are the Enemy [M]. Boston: Kluwer Academic, 2001.

[33] Connor J. M., Robert H. L.. How High Do Cartels Raise Prices? Implications for Reform of the Antitrust Sentencing Guidelines [J]. American Antitrust Institute Paper, 2005, 20(4): 89 – 93.

[34] Cooley M.. Architect or Bee: The Human/Technology Relationship [J]. Journal of the Operational Research Society, 1981, 32(7): 615.

[35] Corey E. R.. Procurement Management: Strategy, Organization, and Decision-Making [J]. CBI Pub. Co, 1978.

[36] D'Aspremont C., Jacquemin A.. Cooperative R&D in Duopoly with Spillovers [J]. American Economic Review, 1988, 78(5):1133 – 1137.

[37] Dasgupta P., Stiglitz J. E.. Uncertainty, Industrial Structure, and the Speed of R&D [J]. The Bell Journal of Economics, 1980, 11 (1): 1 – 28.

[38] Dasgupta P., Stiglitz J E.. Industrial Structure and the Nature of Innovative Activity [J]. Economic Journal, 1980, 90(358): 266 – 293.

[39] Daughety A. F.. Beneficial Concentration [J]. American Economic Review, 1990, 80 (12): 1231 – 1237.

[40] Dawid H., Keoula M. Y., Kopel M.. Product Innovation Incentives by An Incumbent Firm: A Dynamic Analysis [J]. Journal of Economic Behavior & Organization, 2015, 117: 411 – 438.

[41] Dawid H., Kopel M., Kort P. M.. R&D Competition Versus R&D Cooperation in Oligopolistic Markets with Evolving Structure [J]. International Journal of Industrial Organization, 2013, 31 (5):527 – 537.

[42] Dixit A.. The Role of Investment in Entry-Deterrence [J]. Economic Journal, 1980, 90 (357):95 – 106.

[43] Dumas L. J.. The Socio-Economics of Conversion from War to Peace [M]. M. E. Sharpe, 1995.

[44] Dunne J. P.. The Political Economy of Military Expenditure: An Introduction [J]. Cambridge Journal of Economics, 1990(24):395 – 404.

[45] Dunne T. M., Roberts J., Samuelson L.. Patterns of Firm Entry and Exit in U. S. Manufacturing Industries [J]. Rand Journal of Economics, 1988, 19(12):495 – 515.

［46］Ellison G. , Ellison S. . Strategic Entry Deterrence and the Behavior of Pharmaceutical Incumbents Prior to Patent Expiration ［J］. MIT Economics Department Paper, 2006.

［47］Farrell J. , Shapiro C. S. . Horizontal Mergers: An Equilibrium Analysis ［J］. American Economic Review, 1990, 80(3): 107 – 126.

［48］Fauli-Oller R. . Takeover Waves ［J］. Journal of Economics and Management Strategy, 2000, 9(8): 189 – 210.

［49］Fershtman C. , Markovich S. . Patents, Imitation and Licensing in An Asymmetric Dynamic R&D Race ［J］. International Journal of Industrial Organization, 2010, 28(2):113 – 126.

［50］Fisher B. F. M. . Industrial Organization, Economics, and the Law ［M］. USA: MIT Press, 1990.

［51］Froeb L. , Koyak R. , Werden G. . What Is the Effect of Bid Rigging On Prices ［J］. Economics Letters, 1993, 42(4): 419 – 423.

［52］Gansler J. S. . Affording Defense ［M］. Cambridge, MA:MIT, 1989.

［53］Gensler J. S. . Democracy's Arsenal: Creating a Twenty-First-Century Defense Industry ［M］. USA: The MIT Press, 2011.

［54］Geroski P. A. , Toker S. . The Turnover of Market Leaders in UK Manufacturing Industries, 1979 – 1986 ［J］. International Journal of Industrial Organization, 1996, 14 (6): 141 – 158.

［55］Geroski P. A. . What Do We Know about Entry ［J］. International Journal of Industrial Organization, 1995, 13(12): 421 – 440.

［56］Gilbert R. J. . Looking for Mr. Schumpeter: Where Are We in the Competition--Innovation Debate? ［J］. Innovation Policy & the Economy, 2006, 6(6):159 – 215.

［57］Gilbert R. J. . Mobility Barriers and the Value of Incumbency ［M］. The Netherlands: Elsevier, 1988.

［58］Green E. J. , Porter R. . Noncooperative Collusion under Imperfect Price Information ［J］. Econometrcia, 1984, 52(1): 87 – 100.

［59］Haglund D. . The Defence Industrial Base and the West ［M］. London: routledge, 1989.

［60］Harsanyi J. C. . Games with Randomly Distributed Payoffs: A New Rationale for Mixed Strategy Equilibrium Points ［J］. International Journal of Game Theory, 1973, 2 (12): 1 – 23.

［61］Hartley K. . Defence R&D: Data Issues ［J］. Defence & Peace Economics, 2006, 17(3): 169 – 175.

［62］Hartley K. , Sandler T. . The Future of the Defense Firm ［J］. Kyklos, 2010, 56(3): 361 – 380.

［63］Hartley K. . The Arms Industry, Procurement and Industrial Policies ［J］. Handbook of Defense Economics, 2007, 2(6):1139 – 1176.

［64］Hay G. , Kelley D. . An Empirical Survey of Price-Fixing Conspiracies ［J］. Journal of Law and Economics, 1974, 17(4): 13 – 38.

［65］Hinloopen J. , Soetevent A. R. . Trust and Recidivism: The Partial Success of Corporate Lenieny Programs in the Laboratory ［J］. Tinbergen Institute Discussion Paper, 2006: 6 – 67.

［66］Izyumov A. , Kosals L. , Naryvkina R. . Privatization of the Russian Defense Industry: Ownership and Control Issues ［J］. Post-Communist Economies, 2000, 4(12): 11 – 24.

［67］Jarmin R. S. , KIinmek S. D. , Miranda J. . Firm Entry and Exit in the U. S. Retail Sector: 1977 – 1997 ［J］. Center for Economic Studies, 2004: 4 – 17.

［68］Joshi S. , Vonortas N. S. . Convergence to Symmetry in Dynamic Strategic Models of R&D: The Undiscounted Case ［J］. Journal of Economic Dynamics & Control, 2001, 25(12): 1881 – 1897.

［69］Kaldor M. . The Baroque Arsenal ［M］. New York: Hill and Wang, 1981.

［70］Katz M. L. . An Analysis of Cooperative Research and Development ［J］. Rand Journal of Economics, 1986, 17(4): 527 – 543.

［71］Kelley M. , Watkins T A. . Prospects for Conversion of the Defense Industrial Base ［J］. Science, 1995, 268: 525 – 532.

［72］Kolennikova O. . Russia's Defense Enterprises and the State: In Search of Efficient Interaction ［J］. Problems of Economic Transition, 2010, 10(52): 5 – 20.

［73］Kwoka J. . The Price Effect of Bidding Conspiracies: Evidence from Real Estate ［J］. Antitrust Bulletin, 1997, 42(6): 503 – 16.

［74］Lambkin M. . Order of Entry and Performance in New Markets ［J］. Management Science, 1988, 9(8): 127 – 140.

［75］Leahy D. , Neary J. P. . International R&D Rivalry and Industrial Strategy without Government Commitment ［J］. Review of International Economics, 2010, 4(3):322 – 338.

［76］Lichtenberg F. , Siegel D. . Takeovers and Corporate Overhead ［M］. Cambridge, MA: MIT Press, 1992.

［77］Lin, Ping, Zhou, et al. . The Effects of Competition on the R&D Portfolios of Multiproduct Firms ［J］. International Journal of Industrial Organization, 2013, 31(1):83 – 91.

［78］Marshall A. . Principles of Economics ［M］. London: Macmillan, 1890.

［79］Maskimovic V. , Phillips G. . The Market for Corporate Assets Who Engages in Mergers and Assets Sales and Are There Efficiency Gains ［J］. Journal of Finance, 2001, 56(12): 2019 – 2065.

［80］Mason E. S. . Price and Production Policies of Large-Scale Enterprise［C］. The American Economic Association, 1939.

［81］Matsumura T. , Matsushima N. , Cato S. . Competitiveness and R&D Competition Revisited ［J］. Economic Modelling, 2013, 31(31): 541 – 547.

[82] May D. O.. Do Managerial Motives Influence Firm Risk-reduction Strategies [J]. Journal of Finance, 1995, 50(11): 1291 – 1308.

[83] McKee J. W.. Concentration in Military Procurement Markets [M]. USA: Rand McNally, 1970.

[84] Melman S.. Economic Consequences of the Arms Race: The Second-Rate Economy [J]. American Economic Review, 1988, 78(2):55 – 59.

[85] Milgrom P. , Roberts J.. Limit Pricing and Entry under Incomplete Information: An Equilibrium Analysis [J]. Econometrica, 1982, 50(3): 443 – 460.

[86] Mitchell W. , Clocks D.. Entry Order Influences on Incumbent and Newcomer Market Share and Survival When Specialized Assets Retain Their Value [J]. Strategic Management Journal, 1991, 12(2): 85 – 100.

[87] Morse B. A. , Hyde J.. Estimation of Cartel Overcharges: The Case of Archer Daniels Midland and the Market for Lysine [J]. Purdue University Department of agricultural Economics, 2000, Staff Paper: 0 – 8.

[88] Motta M. , Polo M.. Competition Policy: Theory and Practice [M]. Cambridge: Cambridge University Press, 2004.

[89] Nalebuff B. J. , Stiglitz J. E.. Information, Competition, and Markets [J]. American Economic Review, 1983, 73(2):278 – 283.

[90] Nathanson D. A. , Cassano J.. What Happens to Profits When a Company Dicersifes [J]. Wharton Magazine, 1982, 24(7): 19 – 26.

[91] Nilssen T. , Sorgaard L.. Sequential Horizontal Mergers [J]. Euro-Pean Economic Review, 1998, 42(11): 1683 – 1702.

[92] Ordover J. A. , Saloner G. , Salop S.. Equilibrium Vertical Fore-closure [J]. American Economic Review, 1990, 80 (3): 127 – 142.

[93] Ordover J. , Willig R.. An Economic Definition of Predation: Pricing and Product Innovation [J]. Yale Law Journal, 1981, 91: 8 – 253.

[94] Pepall L. , Norman G.. Product Differentiation and Upstream Downstream Relations [J]. Journal of Economics and Management Strategy, 2001, 10(7): 201 – 233.

[95] Posener R.. A Statistical Study of Cartel Enforcement [J]. Journal of Law and Economics, 1970, 13(10): 365 – 419.

[96] Regehr E.. The Demilitarized Society: Disarmament and Conversion [J]. International Journal, 1990, 45(3):729.

[97] Renner M.. Economic Adjustment after the Cold War: Strategies for Conversion [M]. USA: Dartmouth Pub. Co. , 1992.

［98］Ricardo D.. On the Principles of Political Economy and Taxation［J］. History of Economic Thought Books, 1996, 1(3494):62 - 74.

［99］Richardson T. J.. The Soviet Defense Industry: Conversion and Economic Reform［J］. Slavic Review, 1993, 51(2):200 - 336.

［100］Riordan M.. Anticompetitive Vertical Integration by a Dominant Firm［J］. American Economic Review, 1998, 88(12): 1232 - 1248.

［101］Rotemberg J. , Saloner G.. A Supergame-Theoretic Model of Pricing Wars during Booms［J］. American Economic Review, 1986, 76(6): 390 - 407.

［102］Salant S. , Switzer S. , Reynolds R.. Losses from Horizontal Mergers: The Effects of an Exogenous Change in Industry Structure on Cournot-Nash Equilibrium［J］. Quarterly Journal of Economics, 1983, 98(5): 185 - 213.

［103］Salinger M. A.. Vertical Mergers and Market Foreclosure［J］. Quarterly Journal of Economics, 1988(103): 345 - 356.

［104］Salinger M.. Four Questions about Horizontal Merger Enforcement［C］// Remarks to ABA Economic Committee of Antitrust Section, 2005, September 14.

［105］Saloner G.. Predation, Mergers and Incomplete Information［J］. Rand Journal of Economics, 1987, 18(6): 165 - 186.

［106］Salvo A.. Sequential Cross-border Mergers in Models of Oligopoly［J］. Economica, 2010, 77(306):352 - 383.

［107］Schelling T.. The Strategy of Conflict［M］. Cambridge, MA: Harvard University Press, 1960.

［108］Schofield, S.. Defence Science and Technology: Adjusting to Change［M］. Harwood: Reading, 1993.

［109］Schumacher Z. B. K. , Wilke P. , Herbert W.. Alternative Production Instead of Arms: Trade Union Initiative for Meaningful Work and Socially Useful Products［M］. Bund Verlag, 1987.

［110］Schumpeter J. A.. The Theory of Business Enterprise［M］. New York: Charles Scibner's Sons, 1912.

［111］Sharkey W.. Existence of Sustainable Prices for Natural Monopoly Outputs［J］. The Bell Journal of Economics, 1981, 12(1):144 - 154.

［112］Shibata T.. Market Structure and R&D Investment Spillovers［J］. Economic Modelling, 2014(43):321 - 329.

［113］Smith A.. The Wealth of Nations［M］. New York: Prometheus Books, 1991(1776).

［114］Smith R P.. The Defense Industry in An Age of Austerity［J］. The Economics of Peace and Security Journal, 2013, 8(1): 103 - 112.

［115］Spence A. M.. Entry, Capacity, Investment, and Oligopolistic Pricing ［J］. Bell Journal of Economics, 1977(8): 534 – 544.

［116］Stigler G.. A Theory of Oligopoly ［J］. Journal of Political Economy, 1964, 71(2): 44 – 61.

［117］Symeonidis G.. Comparing Cournot and Bertrand Equilibria in a Differentiated Duopoly with Product R&D ［J］. International Journal of Industrial Organization, 2003, 21(1): 39 – 55.

［118］Taylor T., Hayward K.. The UK Defence Industrial Base ［M］. London: Brassey's, 1989.

［119］Tesoriere A.. Competing R&D Joint Ventures in Cournot Oligopoly with Spillovers ［J］. Journal of Economics, 2015, 115(3): 1 – 26.

［120］Thorsson I.. In Pursuit of Disarmament: Conversion from Military to Civil Production in Sweden ［M］. Liber, 1984.

［121］Todd D.. Defence Industries: A Global Prospecive ［M］. London: Routledge, 1988.

［122］Trebat N. M., Medeiros C. A. D.. Military Modernization in Chinese Technical Progress and Industrial Innovation ［J］. Review of Political Economy, 2014, 26(2):303 – 324.

［123］Urban G. T., Carter S. G., Mucha Z.. Market Share Rewards to Pioneering Brands ［J］. Management Science, 1984, 32(6): 645 – 659.

［124］Walker W., Graham M., Harbor B.. The Relation between Military and Civilian Technologies ［M］. Netherlands: KluwerAcademic Publishers, 1988.

［125］Waterson M.. Regulation of the Firm and Natural Monopoly ［M］. Oxford: Basil Blackwell, 1988.

［126］Weidenbaum M.. Arms and the American Economy: A Domestic Convergence Hypothesis ［J］. American Economic Review, 1968.

［127］William E. K., Dennis E. S.. Competition Policy, Rivalries, and Defense Industry Consolidation ［J］. Joumal of Economic Perspectives Volume, 1994, 8(4): 91 – 110.

［128］［爱尔兰］帕特里克·麦克纳特著, 梁海音译. 公共选择经济学 ［M］. 长春: 长春出版社, 2008.

［129］毕京京等. 中国军民融合发展报告 ［M］. 北京: 国防大学出版社, 2015.

［130］曹少琛, 张飞, 孙兆斌. 国防工业发展中的三方博弈分析 ［J］. 经济数学, 2016 (2): 57 – 61.

［131］陈波, 郝朝艳, 余冬平. 国防经济学 ［M］. 北京: 经济科学出版社, 2010.

［132］陈波, 李明峰, 张笑. 军民深度融合的"点—轴—带"战略布局 ［J］. 开放导报, 2018 (4): 28 – 32.

［133］陈波, 杨峰. 中国特色军民融合式发展路子研探 ［J］. 中国军事科学, 2010 (2):

49 - 59.

[134] 陈波. 资产专用性、交易成本与组织——军事工业合约治理的经济学分析 [J]. 哈尔滨工业大学学报（社会科学版），2004（1）：110 - 114.

[135] 陈德第，李轴，库桂生. 国防经济大辞典 [M]. 北京：军事科学出版社，2001.

[136] 崔维. 美国军事：工业综合体与国家垄断资本主义 [J]. 世界经济，1980（8）：23 - 29.

[137] 侯光明. 国防科技工业军民融合发展研究 [M]. 北京：科学出版社，2009.

[138] 侯铁建. 调整中的俄罗斯国防工业——结构调整中的经济理性和政府的作用 [J]. 东北亚论坛，2005（3）：59 - 63.

[139] 黄朝峰，彭春丽，曾立. 突破重围："民参军"的壁垒与对策——湖南省长株潭地区民营企业参与军工科研生产情况调研报告 [J]. 西安财经学院学报，2013（2）：87 - 92.

[140] 黄朝峰. 可竞争市场理论对我国构建竞争性装备采办市场的启示 [J]. 军事经济研究，2008（11）：35 - 37.

[141] 吉炳安. 国防采购 R&D 成本补偿研究 [D]. 华中科技大学博士学位论文，2007.

[142] 军事辞海编辑委员会. 军事辞海《军事综合卷》 [M]. 杭州：浙江教育出版社，2000.

[143] 李明峰，陈波. 技术差距、军用成果转化率与军事工业研发竞争研究 [J]. 科技进步与对策，2019，36（6）：111 - 120.

[144] 李明峰，陈波. 政府投资、军民工业标准差异与民品企业进入军品市场的困境 [J]. 南开经济研究，2019（1）：25 - 45.

[145] 李湘黔，杨闽湘，卢小高，孟斌斌. 军民融合武器装备研发投资 [M]. 北京：国防工业出版社，2013.

[146] 林健，李鸣，毛景立. 军品现行成本价格模式的弊端分析 [J]. 经济管理，2002（2）：46 - 53.

[147] 刘晓飞. 市场经济冲击下的俄罗斯国防工业 [J]. 军事经济研究，1996，06：85 - 90.

[148] 卢现祥，朱巧玲. 西方新制度经济学 [M]. 北京：北京大学出版社，1996.

[149] 吕政. 论中国工业增长与结构调整 [M]. 北京：经济科学出版社，2001.

[150] 罗敏. 美国国防工业发展历程和特点 [J]. 信息化研究，2010，36（5）：6 - 12.

[151] 罗仲伟. 国防工业主体的特性与产业组织分析 [J]. 中国工业经济，2003（2）.

[152] 申晓勇，武力. 中国国防工业与经济发展互动研究（1949 - 2015） [J]. 中国经济史研究，2016（5）：93 - 101.

[153] 汪浩瀚，金余会. 民营企业准入国防工业的制度选择与博弈 [J]. 经济地理，2008（1）：69 - 72.

［154］王宝坤．国防科技工业应加快投资主体多元化进程［J］．国防科技工业，2006（12）：20－22．

［155］王俊豪，王建明．中国垄断性产业的行政垄断及其管制政策［J］．中国工业经济，2007（12）：30－37．

［156］王廷惠．自然垄断边界变化与政府管制的调整［J］．中国工业经济，2002（11）：23－30．

［157］王新俊，彭国清．俄罗斯国防工业十年改革回顾与展望［J］．俄罗斯东欧中亚研究，2001（6）：48－54．

［158］王祖强．推进军民标准通用化工程促进标准化军民融合建设［J］．船舶标准化与质量，2015（6）：2－4．

［159］夏大慰．产业组织与公共政策：新奥地利学派［J］．外国经济与管理，1999（10）：26－29．

［160］［英］穆勒著，金镝，金熠译．政治经济学原理［M］．北京：华夏出版社，2009．

［161］游光荣，闫宏，赵旭．军民融合发展政策制度体系建设：现状、问题及对策［J］．中国科技论坛，2017（1）：150－156．

［162］于连坤．中国国防经济运行与管理［M］．北京：国防大学出版社，2002．

［163］于良春，张伟．中国行业性行政垄断的强度与效率损失研究［J］．经济研究，2010（3）：16－27．

［164］湛泳，赵纯凯．资本市场发展、军民融合与产业结构优化升级［J］．南开经济研究，2016（5）：36－54．

［165］张力．民营企业融资的制度障碍及对策［J］．经济问题，2004（4）：69－70．

［166］张维迎，盛洪，康晓川．刍然垄断、行为垄断、法定垄断［J］．经济研究参考，2003．

［167］张维迎．博弈论与信息经济学［M］．上海：上海人民出版社，2000．

［168］张炜，郑晓齐．寡头垄断军品市场博弈分析［J］．系统工程，2010，28（5）：54－57．

［169］张允壮，曾立，黄朝峰．军民融合制度变迁与国防市场结构转变［J］．科技进步与对策，2013（14）：120－125．

［170］中国国防科技信息中心．国防科技词典［M］．北京：解放军出版社，1993．

［171］周明长．三线建设与中国内地城市发展（1964—1980年）［J］．中国经济史研究，2014（1）：142－151．

［172］周维第．俄罗斯国防工业体转型路径及效用分析［J］．俄罗斯研究，2009（2）：45－57．

后　记

　　本书是在我的博士学位论文基础上修改完善而成的。论文答辩结束时，国防大学的全林远教授建议我对论文作进一步的完善，争取正式出版，还给出了许多宝贵的意见。我的导师陈波教授也多次鼓励和支持，他说："这既是多年来的研究成果，也是自己学习生涯的一个纪念。"后来，论文被学校评为优秀博士学位论文，进一步增加了我对论文修改完善和出版的信心。

　　我于2002年考入国防科技大学，本科学习的专业是系统仿真，硕士研究生阶段学习的专业是控制科学与工程。毕业后留校，先后在教学管理、学校发展规划与重点建设、"985"工程项目管理等岗位上工作。在国防科技大学工作和学习的10多年间，我对控制科学的理论、方法和技术，以及系统仿真等方面的学术研究产生了浓厚的兴趣，对我国工业科技前沿和学科发展也有了较为深入的了解。2013年我离开学校到国家部委工作，在国防科技工业管理部门的工作中，又有机会让我对军工集团一线企业和一些优秀的民营企业的科研生产现状，以及我国军事工业制造领域的整体情况有了更深入和更直观的了解。我切实感受到，经过几十年的改革开放，我国军事工业和民用工业在发展中正逐步走向融合，科学研究和技术交流也在不断深入，但也确实存在一些阻碍进一步深入融合的问题亟待解决。而要为解决这些问题提出既科学合理又切实可行的方案，需要在工科的思维方式和研究方法基础上，进一步拓宽研究的视野，扩展研究的理论与方法。随着工作对个人能力要求的不断提高，我开始阅读一些经济学方面的著作，对经济学的理论和研究方法产生了兴趣，并感受到如能把工学和经济学结合起来研究，可以更好地认识并解决实际工作中的问题。在这个过程中，著名经济学家、国防经济和军民融合领域的专家陈波教授的著作给了我极大的启示。为了系统学习经济学的理论和研究方法并能够应用于实践，2016年我考入陈波教授门下在职攻读博士学位，力图从经济学的视角探寻我国军事工业与国家工业体系的融合发展之路。

本书的完成得到了很多人的帮助和关心。首先要感谢我的导师陈波教授，求学四年期间一直给予我悉心教导和耐心帮助，特别是博士论文从选题写作到修改编纂，再到本书的最终出版，整个过程他都倾注了很多心血。陈波教授治学严谨、精益求精，不断鼓励我向困难挑战，向真理前行。他拥有开放包容的学术精神，向我推荐优秀的书籍和文献，激发我的研究兴趣，帮助我找准学术方向，求真务实地研究问题。

感谢中央财经大学国防经济与管理研究院的众多老师。侯娜、郝朝艳、余冬平、王沙骋、刘建伟、池志培等老师出席了我的开题报告会，提出了很多有益的意见和建议，其中，郝朝艳副教授、余冬平副教授作为导师组的成员，仔细审阅了论文初稿并提出了详细的修改意见。白丹、张海燕、李玲玲和王萍萍等老师在我求学期间和论文出版过程中提供了很多帮助。

感谢参加我论文答辩的余爱水教授、全林远教授、夏恩君教授、卢远瞩教授、于爱芝教授，他们从更高的学术层面对研究内容的体系框架、逻辑关系和理论深度提出了指导意见，给予了我很多宝贵的启发和指点，甚为感激！还要感谢在求学研究的过程中，得到了中央财经大学的杨运杰教授、李涛教授、苏治教授、齐兰教授，南开大学的梁琪教授，清华大学的王毅副教授的精心指导和无私帮助。在论文的写作过程中，还得到了中央财经大学的彭俞超博士、廉政博士，国防科技大学的秦龙博士，荷兰代尔夫特理工大学的谢旭博士的鼎力帮助，在此一并表示诚挚的谢意。

特别感谢国家国防科技工业局的张建华副局长、吴艳华副局长、蔺建勋司长、王彦青司长、李学东副司长、常红涛副司长、丁向明副司长，国家自然科学基金委员会的王承文副主任，以及一些地方国防科技工业管理部门和军工集团公司的领导和同事们，他们为我攻读博士学位给予了工作上的支持和帮助，为我的研究提供了调研机会，没有他们的帮助，我不可能顺利完成博士学业。

最后还要感谢我的家人，他们在我研究的关键时期为我缓解压力、打理生活、整理资料和文稿、与我讨论问题并开拓思路，这些都是我完成论文的巨大动力。

我国在国防经济领域的研究尚处于起步发展阶段，在军事工业正面临改革的背景下，需要研究的问题很多。本书对军事工业垄断和竞争问题的研究也可能是

管见所及，其中的错误和不妥之处希望得到读者的批评指正。我更希望能起到抛砖引玉的作用，有更多的人关心和参与到军事工业军民深度融合发展改革的研究之中，使我们的认识更接近科学真理，为改革提供更多有益的政策建议，让我们在富国强军的道路上越走越宽阔！

李明峰

2020 年 2 月 1 日

图书在版编目（CIP）数据

军事工业垄断与竞争研究：基于"民参军"的视角／
李明峰著 . —北京：经济科学出版社，2020.3

（国防经济学系列丛书 . 博士文库）

ISBN 978 - 7 - 5218 - 1365 - 4

Ⅰ.①军…　Ⅱ.①李…　Ⅲ.①军事工业 - 工业发展 -
研究 - 中国　Ⅳ.①F426.48

中国版本图书馆 CIP 数据核字（2020）第 037684 号

责任编辑：侯晓霞
责任校对：郑淑艳
责任印制：李　鹏　范　艳

军事工业垄断与竞争研究

——基于"民参军"的视角

李明峰　著

经济科学出版社出版、发行　新华书店经销

社址：北京市海淀区阜成路甲 28 号　邮编：100142

教材分社电话：010 - 88191345　发行部电话：010 - 88191522

网址：www. esp. com. cn

电子邮箱：houxiaoxia@ esp. com. cn

天猫网店：经济科学出版社旗舰店

网址：http://jjkxcbs. tmall. com

北京密兴印刷有限公司印装

710 × 1000　16 开　11.75 印张　200000 字

2020 年 9 月第 1 版　2020 年 9 月第 1 次印刷

ISBN 978 - 7 - 5218 - 1365 - 4　定价：42.00 元

（图书出现印装问题，本社负责调换。电话：010 - 88191510）

（版权所有　侵权必究　打击盗版　举报热线：010 - 88191661

QQ：2242791300　营销中心电话：010 - 88191537

电子邮箱：dbts@ esp. com. cn）

国防经济学系列丛书

序号	书名	作者	出版日期	定价（元）	子项目
1	《国防经济学》	陈波/主编，郝朝艳、余冬平/副主编	2010.12	88.00	核心教材
2	《国防经济学前沿专题》	陈波/主编，郝朝艳、侯娜/副主编	2010.12	35.00	核心教材
3	《冲突经济学原理》	［美］查尔斯·H.安德顿、约翰·K.卡特/著，郝朝艳、陈波/主译	2010.12	39.00	精品译库
4	《战争与和平经济理论》	［法］范妮·库仑/著，陈波、阎梁/主译	2010.12	39.00	精品译库
5	《国防采办的过程与政治》	［美］大卫·S.索伦森/著，陈波、王沙骋/主译	2013.12	38.00	精品译库
6	《现代国防工业》	［美］理查德·A.毕辛格/主编，陈波、郝朝艳/主译	2014.3	76.00	精品译库
7	《国防经济思想史》	陈波、刘群等/著	2014.4	78.00	学术文库
8	Arms Race, Military Expenditure and Economic Growth in India.	Na Hou（侯娜）/著	2015.4	36.00	博士文库
9	《国防预算与财政管理》	［美］麦卡菲、琼斯/著，陈波、邱一鸣/主译	2015.5	72.00	精品译库
10	《城堡、战斗与炸弹：经济学如何解释军事史》	［美］于尔根·布劳尔、休帕特·万·蒂尔/著，陈波等/译	2016.4	59.00	精品译库

序号	书名	作者	出版日期	定价（元）	子项目
11	《军事资本：模型、方法与测度》	闫仲勇、陈波/著	2016.10	32.00	博士文库
12	《和平经济学》	［美］于尔根·布劳尔、［英］保罗·邓恩/著，陈波、侯娜/主译	2016.11	32.00	精品译库
13	《国防财政：治理、结构、规模》	陈波、余爱水/主编	2019.10	38.00	学术文库
14	《国防金融：理论与实践》	陈波、余冬平/主编	2019.12	66.00	博士文库
15	**《军事工业垄断与竞争研究——基于"民参军"的视角》**	**李明峰/著**	**2020.9**	**42.00**	**博士文库**
16	《国防经济学研究进展》	郝朝阳、陈波/主编	2020.12		核心教材

此系列丛书联系方式：

联系地址：北京市海淀区学院南路 39 号　中央财经大学国防经济与管理研究院

邮　　编：100081